リッチな人だけが知っている宇宙法則

お金、愛、最高の人生

Ultimate
rule for
Abundance

ソウルメイト研究家
Keiko

大和出版

はじめに

リッチな人は宇宙を味方につけている

「リッチ」という言葉から、あなたは何を連想するかしら。
お金持ち？　富裕層？　それとも、満ち足りた暮らし？
リッチの解釈は色々あると思うけど、私がここでいう「リッチ」は、

経済的に満たされているのはもちろん、
お金で買えないものも当たり前のように引き寄せ、
宇宙を味方につけていること。

リッチですもの、お金があるのは当たり前。
でも、この世にはお金で買えないものもあるでしょ？
たとえば、運やチャンス。愛、信頼、友情。人間関係もそう。
人生、お金があるだけじゃ意味がない。

やりたいことが許される自由があって、成功を分かち合える仲間がいて、愛し愛される喜びを教えてくれるパートナーがいなければ。
そしてあなた自身に、人生を味わい尽くす感性がなければ。

そうした有形無形の豊かさはもちろん、宇宙のサポートまでもサラリと引き寄せ、人生を思うままにコントロールできる人――それが、正真正銘のリッチ（「宇宙」といわれてピンとこないなら、私達をとりまく「おおいなる存在」と考えてみて。「この世の神羅万象を司る、目に見えない力」と）。

私のいう「リッチ」は、たんなる成金とか、一発当ててたまたまお金持ちになったような人じゃない。
宇宙に愛されるべき資質を備え、なるべくしてお金持ちになった人。

「お金・愛・宇宙」――この三位一体を引き寄せる、美しき磁石。
それが、ここでいう「リッチ」よ。

ここまで読んで、こう思った人はいないかしら。

「リッチって、特別な人だけがなれるものでしょ？　普通はムリよ」

だとしたら、とんでもなーい！　リッチになるのに、「特別な人」である必要はまったくない。


誰だってなれるわ。宇宙法則さえ知っていればね。


「先週、5店舗目をオープンしたの。こんなに順調でいいのかしら？」

ネイリストのN美ちゃんは、ほんの3年前まで病気、失業、そして離婚と、どん底のまっただ中にいた。そんなN美ちゃんがネイルサロンをオープンさせ、その後も快進撃を続けているのは、宇宙法則を知ったから。

N美ちゃんだけじゃないわ。マタニティウエアの輸入販売で大成功しているR佳ちゃんは、4年前まで「その日の生活がやっと」（本人談）というシングルマザーだった。

パーソナルトレーナーとしてVIPにひっぱりだこのW子ちゃんは、私と知り合ったとき、電気メーカーのOLさんだったっけ。

「このまま派遣で働き続けても、これ以上にはなれないと思うんです……」

そんなふうにいっていたJ子さんは、その後化粧品会社に転職。憧れの広報担当として実力を発揮し、外資系から倍の年俸で引き抜かれるまでに！

みんな、私が何気なく伝えた宇宙法則を素直に受け入れ、それを実践した人達。

「宇宙法則を知らなかったら、今の私はなかったわ」

今年2月、久しぶりに会ったとき、そうつぶやいたN美ちゃん。

彼女も認めているように、どん底にいた彼女が真のリッチになれたのは、宇宙法則を利用したからなのね。


「べつにリッチになんてならなくていいわ。私には不似合いよ。私は地味な生き方のほうが合ってるもの」

万が一、そんなふうに思ったとしたら……あなたは「リッチ」の意味を誤解してるんじゃないかしら？

ここでいう「リッチ」は、必ずしも派手な生活という意味ではないし、夜な夜なパーティに繰り出すようなライフスタイルのことでもない。

もちろん、それも可能よ。お望みであればね。

でも、ポイントはそこじゃない。

リッチであることの醍醐味は、「自分が望むことすべてを、何の支障もなく、思いのままに実現できる」ということ。

そのための経済的、時間的、空間的、精神的自由が許されているということなの。

お金も愛もチャンスも運も、すべては人生を味わい尽くすための小道具にすぎない。そして、その小道具を意のままにできる人こそ、ここでいう「リッチ」。

あなたに目指してほしい、正真正銘のリッチよ。

私がOL生活に終止符を打ってから、今年でちょうど10年。

当時、なんの当ても計画もなく辞めた私のもとに、流れはすぐにやってきた。

それは、やっぱり宇宙法則を知っていたから。

ほんの軽い気持ちで始めたビジネスがみるみる大きくなって、多くのチャンスと素晴らしい人脈を引き寄せた。運を味方につけて、お金も成功も手にした。

もちろん、ソウルメイトも。
今では、望むものがほとんどすべて手に入る。
まさに、ここでいう「リッチな人」になってしまったわけ。
私はリッチになるのに、とくに何かをしたわけじゃない。
ただ、宇宙法則を利用しただけのこと。
私がこの10年で実証したその「宇宙法則」とは——。
ここから先、あなただけにお話しするわね。

Contents

Chapter2

あなたの「ギフト」の見つけ方

「自分の本質」がわかれば、運命の輪はまわり出す

Chapter3 「ギフト」を使えば、人生にスイッチが入る

運のいい人は、「うまくいくこと」だけをやっている

Chapter4

「宇宙の波動」に近づくコツ

あなたも、いいことばかり引き寄せる「磁石」になれる

Chapter5「リッチ」な人になるための究極の方法

「人と交わる」だけで、あなたの運命は劇的に変わる

おわりに

本文デザイン＊白畠かおり

Chapter 1

誰もがもっている「ギフト」って何？

本気でリッチになりたい
あなたに、
知ってほしいこと

どうしたらリッチになれるの？

リッチな人とそうでない人の差は、いったいどこにあるのか——。

いちばんの差はまず、エネルギーの大きさね。


リッチな人は例外なく、エネルギーが大きい。

たとえるなら、そうね〜。海のように広く大きいエネルギー……とでもいえばいいかしら。

リッチになるには、まず運を引き寄せることが必要なんだけど、いろんな人を見てると、そこをクリアできないことが多いみたいなの。

それは結局、エネルギーが足りないから。


運やチャンスをつかむのはもちろんのこと、よい運を安定させ、持続させるには、それだけのエネルギーが要るのね。

エネルギーが大きい人は、思いついたことを即、行動に移す。

会いたい人には何時間かけても会いに行き、ヒントになりそうなものは実際に自分の目で確認し、あらゆる情報を集め、学び、トライして、必ず自分の形を作り上げる。つまり、現実におとし込む力があるのね。

いっぽう、エネルギーが小さい人は、思うことがあっても実行に移せない。会いたい人がいても「遠いからムリ」と言い訳し、見たいものがあっても、「時間がないわ」と却下する。動かないから情報も入ってこないし、人からのサポートも入らない。いつまでたっても思うことが形にならないのね。


エネルギーは「動く力」。そして、「動かす力」。

でも、それだけじゃない。


知力、体力、魅力はもちろん、気力、活力、創造力、洞察力……そういう諸々の力が組み合わさったあなただけの「自分力」。それが、ここでいう「エネルギー」。

リッチになるにはまず、エネルギーが大きくないといけない。


「どうして運がよくならないの？　こんなにがんばってるのに……」

そう嘆いている人のほとんどは、エネルギーが小さいの。

でも、始めから小さいわけじゃないのよ。


正確にいえば、縮こまっちゃってる。


もともとは大きいエネルギーをもっていたとしても、これまでの経験や失敗、環境といった様々なことが要因となって、自分本来のエネルギーが小さくなっちゃってるだけ。

だから、エネルギーを元に戻せばいいの。

では、どうすれば縮こまったエネルギーを大きくできるか——。

次からお話ししていくわね。

宇宙法則01

リッチになるには、エネルギーを大きくすること

縮こまったエネルギーを大きくするには？

運が悪い、何をしてもうまくいかないという人は、じつは運が悪いんじゃない。自分本来のエネルギーを出せてないだけなの。


これはね、エンジンをかけてないクルマみたいなもの。

エンジンはあるのだから、カギを入れてまわせばいいだけのハナシ。

ないものを使うのは無理だけど、すでにあるものにスイッチを入れるだけだもの、べつに難しいことじゃないわね？

じゃあ、いったいどうしたらエンジンがかかるのかしら？

それには、あるものを使うの。それは――


「ギフト（gift）」

「ギフト」という言葉、日本語では贈り物やプレゼントの意味で使われるけど、英語では「天賦の才」とか「才能」という意味もあるの。

「ギフト」は、あなたに生まれつき与えられている「才能」「資質」のこと。
文字通り、「宇宙からのプレゼント」なの。

あなたのエネルギーの源泉であり、リッチになるために必要不可欠なもの――それが、「ギフト」。これは宇宙から与えられたものだから、際限がない。
使えば使うほど雪だるま式に膨れ上がっていくの。

この「ギフト」を使うことが、リッチになるいちばんの早道。

成功者とか強運な人というのは例外なく、この「ギフト」を使ってるわ。
本気でリッチになりたいなら、「ギフト」を使うことよ。

宇宙法則02 「ギフト」を使えば、エネルギーがどんどん大きくなる

あなたも「宇宙からのギフト」をもっている

「そんなことといわれても……私には特別な才能なんてないもの」
そう思った人はいないかしら。

ううん、「ギフト」はすべての人に与えられてるわ。
もちろん、あなたにもね。

「天賦の才」なんていうと、なんだかものすごい才能がなきゃいけないみたいに聞こえるかもしれない。でも、ここではもう少し軽く考えてみて。
「得意なこと」「自分のアピールポイント」くらいに。

「ギフト」かどうかを判断するポイントは能力の高さではなく、あなた自身がそれを「自然体でできるかどうか」。これがいちばん重要なのね。

じつは、英語の「gift」には「カンタンなもの」っていう意味もあるの。

だから、「私のギフトって何?」と思ったらまず、「さほどがんばらなくても自然にできてしまうもの」を考えてみるといいわ。

「そういえば、私、手先が器用かも。アクセサリーとか小物とか、なんでも自分で作っちゃうし」

「人前で話すのは苦にならないな〜。みんな緊張するみたいだけど、どうしてかしら?」

「数字は好き。暗算も得意だしね」


こんなふうに、すっと思い浮かぶものがあったら、それがあなたのギフトと考えて間違いないと思う。

「ギフト」の見つけ方は、2章でたっぷりお話しするわね。

宇宙法則03 「ギフト」はすべての人がもっている

仕事は「自分を表現するための手段」

私のいう「リッチ」な人は、「経済的にも精神的にも満たされていて、なおかつ、お金で買えないものも引き寄せられる人」のこと。じつは「お金で買えないものも引き寄せられる」ことがすごく重要なんだけど、とはいえ、今の社会がお金をベースに動いている以上、お金がなくちゃ何もできないわよね。

お金ってね、すごくシンプルなのよ。

お金には感情があるわけじゃない。

感情がないから、恋愛とか人間関係みたいにややこしくない。

あなたの意識通りに動くの。

お金を「生活するための手段」と考えていれば、生活に必要な額しか入ってこないし、「人生を楽しむための手段」と思っていれば、人生を楽しめる額が入ってくる。「人を幸せにするための手段」ととらえていれば、まわりを幸せにできるほどの額が入ってくるの。

これ、机上の空論じゃないわ。すべて私が体験、実証済みよ。

あなたがもし、今の収入に不満を抱いてるとしたら、もっとお金がほしいと思っているなら――今すぐ仕事に対する意識を変えてほしい。

「仕事＝お金を得るための手段」ではなく、「仕事＝自分を表現するための手段」というふうに。

いろんな人達を見てわかったのは、入ってくるお金は能力の高さではなく、「与えられた資質をどれだけ活かしているか」に比例するってこと。

与えられた資質というのは、つまり「ギフト」。

そう。私が最初に「ギフト」についてご説明したのは、ギフトがお金に直結しているから。豊かなお金を手にしている人はみな、自分の「ギフト」をとことん利用してるわ。わかりやすいように、私の例をあげてご説明しようかな。

私はありがたいことに、会社を辞めてから収入がぐんとアップしたのね。

でも、会社員時代に比べて、私の才能や能力が変わったかっていったら、答えは「ＮＯ」。ぜーんぜん変わってない。

何か資格をとったわけでもないし、スキルを磨いたわけでもない。しかも、会社員時代の経験を活かす仕事をしているわけでもない。

じゃあ、いったい何が変わったのか？　なぜ収入が増えたのか？
答えは2つ。ひとつは、「ギフト」を使うようになったってこと。

会社員時代にやっていたことはほぼ１００％、デスクワーク。いち社員として、与えられたポジションで、与えられたことだけをやっていたのね。そういう仕事の仕方が自分に合っていたかっていったら、必ずしもそうじゃなかった。

ところが、会社を辞めてから、自分の「ギフト」を仕事として使い始めた。

ソウルメイトリーディング（ソウルメイトの詳細を導き出す占星術鑑定）のエージェントや翻訳をやったり、メルマガで星の動きや開運情報を提供したり、自分の創りたいジュエリーをデザインしたり……自分がラクにできることを、自由に表現するようになったのね。

そんなふうに自分の「ギフト」を表に出すことでエネルギーが大きくなり、それに比例してお金が入ってくるようになったというわけ。

「『自分らしさ』をいちばん出せた人に、一生涯、望むだけの報酬を与えます」

——そういわれたとしたら、あなたは今の仕事を続けるかしら？

それとも、まったく違う道を選ぶ？

もし後者だとしたら、今のあなたは「ギフト」を使ってないということになるわね。

そういう人はできるだけはやく、「ギフト」を使い始めてほしい。

本気でリッチを目指すならね。

「もしいわれたらでしょ？　そんなこと、誰もいわないわよ」

そう思ったあなた。いーえ、いわれてます。これ、宇宙の言葉そのものよ。

宇宙はつねに、そこをチェックしているの。

「君のギフト、使ってるかい？」って。

「条件がそこそこいいから」なんていう理由で仕事を選んでいたら、一生そこそこの人生よ。リッチになれるのは、自分の「ギフト」を知ってる人。そして、それをめいっぱい使ってる人だけ。

入ってくるお金は、あなたのエネルギーそのもの。あなたという「器」の大きさに合わせて、それにふさわしい額が入ってくるのね。入ってくるお金の差は、器を大きくできるかどうかの差といってもいいわ。

リッチな人は、「ギフト」をテコにどんどん器を大きくしていく。枠を広げていくの。そうでない人は「ギフト」を使わず（知っていても使わず）、逆に器をすり減らしていく。大きくするのもすり減らすのも、ギフトの使い方次第なのよ。

宇宙法則04 お金はあなたの「器」に合わせて入ってくる

お金における「陰陽の法則」

私の収入がアップしたもうひとつの理由は、フリーになったことで「陰陽のバランスがとれた」ということ。


あなたは、この世に「陰」と「陽」があるのをご存じかしら？

男（陽）と女（陰）、昼（陽）と夜（陰）、山（陽）と海（陰）、花（陽）と茎（陰）……というように、地球上のものはすべて、陰と陽のバランスで成り立っているのね。

男と女が惹かれ合うのも、昼が終われば夜がくるのも、地球が陰陽のバランスをとろうとするから。それが、地球にとって自然な状態というわけ。

そして、じつは私達のとる行動にも陰と陽があるの。


「陽」はこちらから与える、提供する、発信するといった能動的なアクション。

対する「陰」は待つ、受け入れる、流れにまかせるといった受動的なアクション。

「アウトプットとインプット」と考えてもいいわね。

で、私の場合を考えてみると、OL時代は陰陽のバランスが悪かった。指示されたことをこなすだけの毎日で、自分から仕事を作るなんて考えたこともなければ、情報を提供するなんてこともない。

「陽」のアクションがまるでなかったわけ。

ところが、会社を辞めてフリーになったとたん、「仕事は自分で作るもの」というふうに意識が切り替わった。「自分は何が提供できるか?」を考え、手始めに、友人のメルマガに開運情報を載せてみたのね。

すると、何が起こったか? いろんな流れが次々とやってきたの。

「原稿書いてもらえませんか?」「コンテンツの監修をしていただけませんか?」というふうに。

陽のエネルギー(情報を与える)を使ったら、陰のエネルギー(仕事のオファーを受け入れる)が生まれたというわけ。

こんなふうに陰陽のバランスが整ってくると、宇宙にきわめて近い状態になる。つまり、波動の高い状態ね。

この波動の高さこそが、リッチへの第2の鍵。

波動については、4章で詳しくお話しするわね。

波動を高める方法のひとつは、陰陽のバランスをとること。
バランスをとって、さらに「与える→受け取る→与える→受け取る……」というふうにうまく循環させていくと、すべてにおいて結果が出るようになるの。
陰陽が整うってことは、たとえるなら、男女が一緒にいるってこと。
男女が一緒になると子供が生まれるように、陰陽が整うと「お金」という結果が生まれるわけね。

宇宙のサポートを受けるには、待ってるだけじゃダメ。流れがくるよう、自分で仕掛けなきゃ。

私は「流れにまかせてみて」ってよくいうけど、それは、まったく何もしないということじゃない。ただ寝てなさいってことじゃないの。

いくらなんでも、種をまかないと。

逆に、焦って動きすぎている人は、待つ時間も必要よ。必要なアクションを起こした上で（陽）、流れがくるのを待つ（陰）。そして、きたらスイッと乗る。

これが、リッチな人になるための「陰陽の法則」。つまり、「積極的に待つ」ということなの。

「お金」ってすごくシンプルだから、この陰陽の法則が見事、当てはまる。

たとえば、お金をたくさん稼いだ人は、そのぶん税金をたくさん払うでしょ。

世の中のために、多くのお金を出してるわけ。

だからこそ、その後もたくさん入ってくるという……すべてはこの循環なの。

おもしろいのは、この循環はどんどん大きくなるということ。

延々同じ大きさの輪っかで循環するわけじゃなくて、与えながら、与えられながら、波紋のようにエネルギーが広がっていくのね。

波紋が大きくなれば、それだけ多くの人を巻きこむことになるから、入ってくるお金もますます大きくなるというわけ。

宇宙法則05 「大きく動かす」ことで、大きなお金が入ってくる

チャンスは人からもたらされる

リッチになるにはまず、エネルギーを大きくすること。

自分のギフトを知って、それを使うことで、エネルギーはいくらでも大きくなるわ。それができたら、次は、陰陽のバランスをとって波動を上げる。

そして最後に、いちばん大事なこと、それは……


人と交わること。


どんなにエネルギーの大きい人だって、ひとりでできることなんて、たかがしれてる。あなたが動いて、そこにいろんな人が関わり、アイデアを出し合い、協力し合ってこそ、入ってくるお金は大きくなるの。

だから、人と関わることを恐れてはダメ。

「人と関わるのは面倒だから、ひとりでできる仕事がいい」っていう人が多いでしょ？　それも悪くはないけど、ある程度大きなお金を作ろうと思ったら、あなたひとりの力だけでは難しい。

本気でリッチになりたいなら、人とつながらないと。

お金がないと嘆いてる人に限って、なんでもひとりでやろうとしてる。違うエネルギーを取り入れれば（人の力を借りれば）、流れが変わるというのに。

そもそも、チャンスも運も自分では作れないのよ。すべて、人からもたらされるの。

「がんばって努力して運がよくなった！」と思っていたとしても、実際は人のおかげ。誰かがチャンスをくれたから、気づきを与えてくれたから、仕事を与えてくれたから、流れがやってきたの（そのマッチングをしてくれてる宇宙にも感謝しなくちゃ）。

宇宙法則06 人とつながることでチャンスはやってくる

運を引き寄せるのは自分。

でも、チャンスをもたらしてくれるのは人。


そこを忘れちゃいけないわ。

私が今あるのも、ぜ~んぶまわりにいる人達のおかげ。自分だけで作り上げたものなんて、何ひとつない。

本気でリッチになりたかったら、積極的に人と交わることよ。

これについて5章でお話しするわね。

「人を感動させる」と収入はアップする

エネルギーを大きくし、波動を高め、人と交わる――これが、リッチになるための三要素。

ここではもうひとつ、お金を引き寄せるコツをお伝えしておくわね。

人がお金を払わずにいられないもの――それは「感動」。

そう。人は、感動したものにお金を払うの。心動かされるものにね。

「ここのパスタ最高！」って思ったらそのレストランに何度でも行くし、「スゴイ！　頬がキュッと上がった！」と実感したら、そのサロンに足繁く通う。

「この服着てるとテンション上がるのよね♪」と思えば、そのブランドのものを買う。ディズニーランドが人を惹きつけてやまないのは、そこに感動が山ほどあるからなのね。

私も毎月ある卵を宅配してもらってるんだけど、それって普通の卵の何倍も高い。それでも毎月買うのは、「美味しい！」っていう感動をいつも味わいたいから。私達は、心動かされたものに投資することで幸せを感じることができるの。幸せになりたくない人なんて、この世にひとりもいない！

であれば、幸せを与えてくれる人にお金が集まるのは当然じゃない？

収入を増やしたいなら、「人を感動させるあなたなりの方法」を考えて。

「割りのいい仕事ないかな？」じゃなくて、「どうしたら人を感動させられるかしら？」と考える。入ってくるお金は、感動させた人の数に比例するのよ。

そうはいっても、奇をてらったりわざとらしい方法を編み出す必要はないわ。

ただ、あなたの愛を、あなたらしい形で表現すればいいの。

たとえば、私が毎月行ってるエステサロンは、まさに感動の宝庫。

まず、清潔なことこの上なし！　玄関を入ったとたん、部屋全体が輝いて見えるくらい、美しく磨かれてあるの。化粧室も洗面台も、見事なまでにピッカピカ。もちろん、チリひとつ落ちてない。ゴージャスできらびやかなサロンはいくらでもあるけど、まばゆいほど清潔なサロンなんてめったにあるものじゃない。

しかも、出してくれる紅茶がこれまた絶品！

オーナーのJ子さん自ら生姜をすりおろして、極上のハチミツをたっぷり加えて作ってくれる、究極のお紅茶。

聞けば、その美味しい紅茶を目当てにサロンを訪れる人も多いとか。


J子さんはもちろん、「ギフト」をしっかり使ってる人。


彼女は①無類の掃除好きで、②人の肌を触るのが大好きで、③紅茶マイスターの資格をもつほどの紅茶好き。ね、しっかり「ギフト」を使ってるでしょ？

彼女が与えてくれる感動は、「ギフト」を惜しみなく表現した結果。

その結果、予約をとるのが難しいほどサロンが繁盛してるわけなの。

さて。次の章からは、「ギフト」についてさらに詳しくお話ししていくわ。

宇宙法則07 感動を与えることでリッチになれる

Chapter 2

あなたの「ギフト」の見つけ方

「自分の本質」がわかれば、運命の輪はまわり出す

「自分のギフト」を知るヒント

前章で、「『さほどがんばらなくても自然にできてしまうもの』がギフト」というお話をしたけれど、ここでは、それ以外のヒントをあげてみるわね。

① 子供の頃から好きで自然にやっていた。夢中になってやっていた
② （子供の頃からではなくても）とにかく好き。それをせずにはいられない
③ 教わらなくても自己流でできてしまう
④ 長時間やっても疲れない。むしろ元気になる
⑤ なぜか人に頼まれ、やってあげるとおおいに感謝される
⑥ 自分が動かなくても、勝手によい流れができてしまう
⑦ それをやっているとよく褒められる
⑧ ムリなくできて、自分らしくいられる。それをやっていることが当たり前と感じる

⑨　そのことを考えると、アイデアが次から次へと湧いてくる
⑩　やっているとあっという間に時間が過ぎる。時間が短く感じられる

これらに当てはまるものがあったら、それはあなたの「ギフト」と考えてOK。


「ギフト」はひとつだけとは限らないわ。

ひとつだけっていう人はむしろ稀《まれ》。3〜4つあるのが普通よ。


たとえば、A子ちゃんの場合——。

「子供の頃から絵を描くのが好きで、時間さえあればずっとお絵描きしてたわね〜。学校でも先生の話を聞かないで絵ばっかり描いてたし。

料理も好き！　キッチンに立っていると時間が経つのを忘れるし、スーパーで買い物してると新しいレシピが次から次へと浮かんでくるの。手料理をご馳走したとき『美味しい！』っていわれるのが快感！　あとは……。

そうそう、私ね。小さい頃、おじいちゃんに手相の観方を教えてもらってたの。それ以降は独学なんだけど、そのせいかしら、人に会うと、無性に手を見たくなるのよ。人の手を見てるとね、その人のいろんなことが、コマ送りみたいにぱーっと浮かんでくるの」

A子ちゃんの場合、「ギフト」のキーワードは「絵（イラスト）、料理、手相」の3つということになるわね（ちなみにA子ちゃんは売れっ子のイラストレーター。手相鑑定の依頼も多い）。

さあ、あなたはいかが？

宇宙法則08 「ギフト」はひとつだけじゃない

子供の頃、何が好きだった？

A子ちゃんの例からわかるように、①「子供の頃から自然にやっていたこと」は、かなり強力なギフトと考えて間違いないわ。

私のまわりを見ていても、子供の頃から好きだったものを仕事にしている人は、成功してる人がすごく多いもの。

たとえば、T子ちゃん。彼女は小学生の頃から、音楽と作文の時間だけは大好きだったそう。その時間になるとワクワクして落ち着かなかったという彼女、今何をやっているかといったら、編集者のかたわら、週末は歌手としてステージに立ってるのね。

スポーツインストラクターのN子ちゃんもやはり、子供の頃から体育の時間がいちばん好きだったというし、お料理サロンを開いてるH美ちゃんは、幼稚園の頃からすでに夕食のおかずを作っていたとか。

かくいう私も、小学校1年生の頃には、すでにホロスコープ（天空図）を読んでたっけ。

意図したわけじゃないのに、それが今現在の仕事に結びついているということは、やはり「ギフト」なんだと思うのね。

ちなみに、小さい頃から好きだったもの、自然にやっていたものは、過去世から引き継いだ資質であることが多いの。

「輪廻転生」という言葉があるように、人は何度も生まれ変わって、いろんな人生を体験してきてるのね。子供の頃は、そうした過去世の記憶がまだうっすらと残っていることが多いから、無意識のうちにその続きをやろうとする。

それが「小さな頃から自然にやっていたもの」。これは、過去世で何度もやってきたことだから、今世では習わなくてもできちゃうというわけ。

それだけでかなりのアドバンテージよね。

宇宙法則09

「小さい頃好きだったこと」は過去世から引き継いだギフト

「好きでたまらないもの」はギフトの代表

②「とにかく好き。それをせずにはいられない」に当てはまるものも、「ギフト」の典型ね。

これに関しては、必ずしも子供の頃からやっていたとは限らない。むしろ、大人になってから、あることをきっかけに目覚めることが多いわ。

たとえば、私の友人M美ちゃん。

彼女は今や、マッサージサロンをチェーン展開する会社の社長さん。彼女が自分の「ギフト」に目覚めたのは、お母様が倒れたときだった。

意識が戻らないお母様を目の前にしながら、何か自分にできることはないだろうかと、毎晩お母様の身体をマッサージし始めたのね。

すると40日後、奇跡的にお母様の意識が戻り、そのままマッサージを続けていたら、ついに言葉が話せるように！

感動した彼女はその後、施設でマッサージのボランティアを始めたの。

「無表情だったおばあちゃんがニコニコするようになったり、車椅子の人が歩けるようになったりするのよ！　それ見てたらもう、嬉しくて嬉しくて。人が元気になっていく姿を見れて、そのうえ感謝されるんだもん。こんなに幸せなことはないわ。この仕事はもう一生辞められない！」

こんなふうに、「好きでたまらない」という感覚が湧き上がってくるものは、まさに「ギフト」そのもの。

魂が「そうそう、コレコレ！」って教えてくれてるのね。

M美ちゃんの場合、自己流でマッサージ法を編み出したから③（自己流ででてきてしまう）も当てはまるし、何時間やっても疲れないといってたから④（長時間やっても疲れない）もピッタリ。口コミで評判が広がり、自然に仕事になったから、⑤（なぜか頼まれる）⑥（勝手によい流れができる）も当てはまる。

こんなふうに該当するものが多ければ多いほど、強力なギフトといえるわ。

宇宙法則10　「好きでたまらないこと」があなたのギフト

「楽しんでやること」が大切な理由

ちなみに、私がエステや整体の先生を選ぶときの基準も、まさにコレ。
スキルや実績より、その人が「仕事を楽しんでいるかどうか」で決めるの。
「この仕事が好きで好きで。面白くってやめられないんですよ〜」
そんなふうにいってる方に施術してもらう。
つまり、「ギフト」を使ってる人に。
だって、効果が全然違うもの！

「面白くてしかたない」ということは、その人の細胞が喜んでいる証拠。
その仕事が天職だという、なによりの証なのね。

実際、そういう人に施術してもらうと治りが早いし、肌もワントーン明るくなる！

だって、彼らは仕事ができてウレシイ♪っていう「幸せの波動」を出してるもの。こちらからすると、その波動を施術中ずっと浴び続けられるわけだから、細胞が元気になってトーゼン！

「好き」「楽しい」というテンションは、スキルや経験を超えるのよ。

それとね、「ギフト」を仕事にしている人は、歳をとらない人が多い。

ぜんぜん老けないの。

私のまわりには、「好きで好きでたまらないこと（＝「ギフト」）」を仕事にして成功している本物のリッチがたくさんいるけれど、みなさん、本当にお若い！

その中のひとり、エステサロンオーナーのY子さん。

彼女は70代半ば。でも、どうみても50代にしか見えないのね。

もちろん、仕事柄、人一倍見た目に気を遣ってるっていうのはあるだろうけど、それ以上の何かがあるの。内側からにじみ出るような若さというか。

「Yさん、どうしてそんなにお若いの？　ヒケツ教えてください！」

とたずねたところ、

「それはあなた、好きなこと（＝「ギフト」）やってるからよ。毎日お客様の肌を触ってると、1日なんてあっという間！　1日2時間くらいの感覚しかないわね。1日2時間だもん、そりゃ老けないわよ」

という回答。


みなさんも経験あるんじゃないかしら？　つまらない仕事や好きでもない仕事をしていると、時間の経つのが異様に遅いわよね？　8時間が12時間くらいに感じられたり。

でも、楽しい仕事をしていると、8時間なんてあっという間！

同じ8時間でも、かたや細胞は「12時間の負担」と認識し、Y子さんの細胞は「楽しい2時間♪」ととらえている。

この差は大きいと思わない？

「ギフト」を仕事にしている人がみな若いのは、細胞にとって負担がないから。


つまり、それがあなたの「ギフトかどうか」、身体はちゃーんと知ってるって

こと。

「仕事をすると疲れる」と思うのが普通だけど、「ギフト」を仕事にしている人にとっては、必ずしもそうじゃない。

働くことが喜びと、エネルギー源になっているかどうか——。

これが、リッチな人とそうでない人の違いなのね。

リッチになるポイントは、「あっという間に時間がすぎる仕事」を選ぶことよ。

宇宙法則11 あなたの細胞は「ギフト」を知っている

「ギフト」はまわりから知らされる場合も

「好きでたまらない」「面白くてやめられない」というのは、自分自身で判断できるパターンよね？

これとは別に、自分ではなく、まわりから知らされる場合もあるの。

⑤の「なぜか人に頼まれる」、⑥の「勝手によい流れができてしまう」がこれに当たるわね。

自分が望むと望まざるとにかかわらず、「どんどん依頼がくるもの」「流れが勝手にできてしまうもの」も、やっぱり「ギフト」。

こんな例があるの。

K穂さんは10年前アトピーが悪化し、市販の石鹸が使えなくなってしまったのね。そこで、以前勉強したアロマの知識を使ってオーガニックソープを作ったところ、肌が驚くほどキレイになった。

そのことをブログに載せると「私にもそのソープを作ってほしい」という依頼が殺到。口コミで依頼が増え続け、とうとう会社を設立。

もともと化粧品メーカーに勤めていたK穂さん、その後もアロマと化粧品の知識を駆使して、様々なヒット商品を生み出してるのね。


「化粧品会社にいたことと、アロマを学んでたことがよかったのね。でも、それを仕事にしようとは思ってなかった。化粧品会社でモーレッに働いたから、コスメ関係は正直、もういっかーってカンジだったのね」

というK穂さん。

「でも、勝手に流れができてったのよ。世の中によくない商品が増えちゃったから、誰かがほんとにイイものを作らなきゃいけなかったんじゃないかな」

K穂さんの場合、「アロマ」と「コスメ」がギフトのキーワードだったわけだけど、本人はそれに気づいていなかった。


勝手に道が作られていって、ようやく本人が気づいたというわけ。

このパターンは「とにかく好き」とか「やっていると時間を忘れる」っていうのとはまた違っていて、どちらかというと「使命（ミッション）」に近いかな。

もちろん、本人もけっして嫌いではないんだけど、これはいってみれば、「まあ、好きかどうかはおいといて、世間のためにひとはだ脱いでやってよ」っていう宇宙からのお願いなのね。

この場合、宇宙からのお願いをこちらがきいてあげてるわけなので、そのぶん、有利に取り計らってもらえる。リッチへの最短距離ということになるわね。

このパターンでリッチになっている人の共通点は、「何か大きな力が働いた」という感覚を経験していること。

自分が動かなくても勝手に流れができていった、ひとりでに客が集まってきた、自然に注文が舞い込んだ……というように。

ちなみに、私が自分の「ギフト」に気づいたのもこのパターン。

誰にいったわけでもないのに、会社を辞めてからなぜか占星術のアドバイスを頼まれるようになり、その後、友人からソウルメイトリーディング（イギリス在住の占星術師イヴァルナによるソウルメイト鑑定）の翻訳を頼まれたのをきっかけに、その仕事がどんどん増えていったの。

そんな流れの中、「ああそっかー。占星術と英語が私のギフトなのね」って気づかされたというわけ。

宇宙法則12 「自然に道ができるもの」はリッチへの最短距離

リッチな人は魂の声を優先させる

先に「ギフト」を知るためのヒントを10個あげてみたけれど、いちばん重視してほしいのはやはり、「それをやることが好き！」という純粋な想い。

つまり、「魂が喜ぶかどうか」ということなの。


本気でリッチになりたかったら、魂が向かうものを選ぶこと。


「楽しくないけど、そこそこお給料いいし……」なーんていう理由で仕事を続けていると、それ以上のお金は入ってこないわ。

心のともなわないものは伸びしろがないから、それ以上にはならないの。

本気でリッチになりたかったら、目先の利益に振りまわされちゃダメ。

魂の指し示す方向に向かうことよ。

リッチな人とフツーの人との違いは、まさにここね。

リッチな人は魂の声を優先させ、フツーの人は目先の利益を優先させる。

この違いが、将来的に莫大な違いを生むのよ。

魂が喜ばない仕事（楽しめない仕事）をしていると、心も体力もすり減っていくだけ。いっぽう、魂が喜ぶ仕事（心満たされる仕事）をしていれば、働けば働くほど喜びと幸せで満たされる。しかも、あなた自身の手で、幸せな人を増やすことすらできる。

まったく同じ時間働いたとしても、フツーの人はその間にもてるものをすり減らし、いっぽうリッチな人は愛と喜びを積み重ね、大きなお金を創り出していく。

それが1年続いたら、どれほどの差になると思う？

5年後は？　10年後は？

その差はあまりにも大きいわ。

宇宙法則13 魂の喜ぶ仕事がお金を生み出す

なぜ、「自分のギフト」に気づけないの？

ギフトは本来、誰もがもっているもの。

ギフトをもたずに生まれてくる人なんて、この世にひとりもいないわ。

ただ、本人にとっては「当たり前にできてしまうこと」だけに、本人がそれを「ギフト」だと思っていないこともあるの。


たとえば、こんなカンジ。

K「A子ちゃん、すごいねー。こんなのA子ちゃんじゃなきゃできないわよ！」

（これは間違いなく、A子ちゃんのギフトね）

A「え？　ウソでしょ？　こんなこと誰だってできるんじゃない？」

K「とんでもない、フツーはできないわよ！」（A子ちゃんたら、自分の凄さに気づいてないんだ……）

みなさんの中にも、このパターンで自分の「ギフト」を見逃してる人がいるかもしれないわ。40ページのヒントをもう一度チェックしてみて。

あとはね、自分に厳しい人は、どうしても自分の「ギフト」を見過ごしてしまう傾向があるみたい。

求めるレベルが高いから「こんなの才能のうちに入らないわ」って思っちゃうのね。自己評価が低いというか。でもね、もっとシンプルにとらえてほしいの。能力とかレベルの高さ云々ではなく、やっていて楽しいかどうか。ラクにできる、がんばらなくても続けられる、それをやっていると時間がたつのを忘れてしまう……そういう感覚があれば、それはもう、立派なギフト。

それを素直に認めてほしいわ。「これはギフトになり得るだろうか？」なーんて理性的に判断するのではなく、「これ、やってると時間を忘れちゃうのよね〜。じゃあギフト！」というふうに。

宇宙法則14 レベルよりも楽しいかどうかがポイント

ギフトを知りたいなら、「月星座」をチェック

ここでは、あなたのギフトを知るもうひとつの方法をご紹介しようかな。

ちょっと面白い方法よ。


それは、「月星座」。


みなさん、占星術はご存じかしら？

「私は蠍座」とか「彼は獅子座」とかいう、あれ。ひらたくいえば、星占いね。

ただ、「私は蠍座」「彼は獅子座」っていうのは、占星術のほーんの一部。

10のうちの「1」をとっただけなのね。

どういうことかっていうと、占星術では、10個の天体（月・水星・金星・太陽・火星・木星・土星・天王星・海王星・冥王星）を使ってその人の資質や運勢を判断するんだけど、「私は蠍座」っていうのは、「（10個の天体のうち）太陽が蠍

座にある」っていうだけ。

それ以外の9個の天体は、べつに蠍座とは限らないのね。たとえば、太陽は蠍座だけど水星は射手座で金星は山羊座、火星は牡羊座……なんていうのはザラ。そうすると、蠍座の影響はそんなにも強くないってことになるわ。


そんな中、太陽以上——いいえ、10個の天体のうちでいちばん大きな影響力をもつのが「月」。


月もやはり、牡牛座だったり双子座だったりとその人によって違っていて、じつは、それがその人のものの見方や感じ方、幸福感のベースになってるの。

太陽が表に出している顔だとすれば、月は素に戻ったときのあなた。

月星座はその人の「本質」を表しているのね。

章のはじめにお話しした10のヒントが、「ギフト」を主観的に判断する方法ならば、こちらは占星術からみた客観的な判断法。

自分の「ギフト」がイマイチわからない方にとっては、いいヒントになると思うの。すでにわかっている場合でも、もうひとつの可能性としてチェックしてみると、新たな発見があるんじゃないかしら。

月星座でわかるのは、あなたの「幸せのツボ」。

たとえば、月星座が獅子座の人は、注目されることや人前に立つことで幸福感を得られるのね。つまり、そういう仕事を選ぶことで、あなた本来の力を活かせる可能性が高いということ。そういう人がもし、地味なデスクワークについていたら、おそらく満足感は得られないと思うの。自分の本質を活かしていないわけだから。

それって、自分ではなかなか気づけないことだけど、月星座を知って「ふ〜ん、私の本質ってそうなんだ」と思えば、そこから流れが変わってくる。

万が一ピンとこなかったとしても、「なーんだ。当たってないじゃない」ではなく、「私にはそういう要素もあるのね」ととらえてみると、可能性がさらに広がるわ。気づくことは、チャンスの扉を開くことだから。

宇宙法則15

月星座は、「ギフト」を知る手がかりになる

月星座でわかる「幸せのツボ」

本質というのは生まれつきのものだけに、本人は自覚してないことも多いの。たとえば、月星座が乙女座のC佳ちゃんはものすごい几帳面なんだけど、「C佳ちゃんて几帳面だからね〜」って誰かがいっても、「え、几帳面？　私が？」ってカンジなわけ。

筋金入りの几帳面であるにもかかわらず、生まれつきそうだから、本人は自覚してないのね。

そんなC佳ちゃん、いったいどんな仕事をしてるかといえば、会社の経理担当。数字の帳尻を合わせるのが快感で、決算時期はとりわけ燃えるらしい。

経理の仕事を「細かくてイヤ！　面倒以外のなにものでもないっ」って思う人がいる一方で、C佳ちゃんのように快感を覚える人もいる。

何に快感を覚えるか、何をしているとき幸せを感じるかは、人によってまったく違うでしょ？

その「幸せのツボ」を表しているのが、じつは月星座なのね。

私はね、この「月星座」を活かすことこそが、成功への近道だと思ってるの。

だって、人は「シアワセ♪」って感じるときにいちばんパワーが出るじゃない？たとえば、私はいろんなビジネスをやっているけど、いちばん心満たされるのは、ジュエリーのデザインをしてるとき。美しい石やクリスタルを眺めながら「これをここにもってきて、両脇にあれをもってきて……」っていろいろイメージしてるときが最高にシアワセなのね。

これは、私の月星座が牡牛座だから。牡牛座に月がある場合、幸せのツボは「美しいもの」。芸術やジュエリー、エステといった「美」に関わることに触れていると、心満たされるのね。

いっぽう、友人のY香ちゃんは、月星座が獅子座。月が獅子座にある人は「ステージ」や「舞台」「華やかな場所」に縁があって、人前に出るとイキイキしてくる人が多い。

Y香ちゃんは大学卒業後、いちどは会社勤めをしたものの、どうも仕事が楽しくない。自分を出せてないと感じたのね。

じゃあ何を？　と考えたとき、人前に出るのが好き、話すのも得意ということでナレーター養成学校に通い、今は結婚式やイベントのMC（司会者）をしているの。そのかたわらナレーターやレポーターの派遣会社も経営していて、八面六臂《はちめんろっぴ》の大活躍。

リッチな人を見ていると、Y香ちゃんのように、自分の月星座の資質をそのまま仕事に活かしている人がとても多いのよね。

それもそのはず、月はその人の本質、「ギフト」だからなのね。

宇宙法則16　月星座を活かすことが成功への道

月星座別「ギフトのヒント」

では、さっそくあなたの月星座を調べてみましょうか。

月星座を割り出すには、私の専用サイト（http://www.moonwithyou.com）にアクセスしてみて。自分の月星座がわかったら、66ページからのアドバイスへGO！

ここでは、月星座別「ギフトのヒント」以外に、「ポイント」と「MUST HAVE」をあげておくわね。

「ポイント」は縁のある分野やキーワード、「MUST HAVE」はあなたの人生に欠かせないもの。それがないと「生きた心地がしない！」というもの。ここが満たされているかどうかで、あなたの幸せ度も決まってくるわ。

たとえば、「保障」がMUST HAVEの「月星座蟹座」の人にとって、会社勤めは自然な選択かもしれない。

でも、「月星座牡羊座」の人にとっては苦痛だと思うの。行動が制限されるから。

ＭＵＳＴ ＨＡＶＥはそんなふうに、仕事のスタイルを選ぶ際、おおいに参考になるわ。ＭＵＳＴ ＨＡＶＥについては、１３２ページでもくわしくご説明するわね。

☾月星座が牡羊座

＊ギフトのヒント：思ったことを即実行できる行動力、瞬発力。自力で人生を切り開いていける勇気とバイタリティ

＊ポイント：オリジナル、オーダーメイド、フリー、「〇〇第一号」、エクササイズ

＊ＭＵＳＴ ＨＡＶＥ：思い通りの行動が許される自由

☾月星座が牡牛座

＊ギフトのヒント：価値あるものを見定める確かな審美眼、時間をかけて作り上げる最高の美、人を和ませる優しい心とおもてなしの精神

＊ポイント：美、芸術、食、グルメ、声、植物、スローライフ
＊MUST HAVE：上質なものに触れられる環境

☾ 月星座が双子座

＊ギフトのヒント：ベストタイミングをとらえる鋭い洞察力、ソツのない社交性、浅く広くの知力と好奇心、情報収集能力
＊ポイント：コミュニケーション、学校、教育、執筆、スピーチ、エージェント
＊MUST HAVE：好奇心が満たされること

☾ 月星座が蟹座

＊ギフトのヒント：母性に満ちた優しさと気配り、相手を思いやる気持ち、いたわりの心、すべてのものを育む力、分け隔てない愛の大きさ
＊ポイント：接客、衣食住、養育、子供や人の世話、ファミリービジネス
＊MUST HAVE：守られている、安全であるという保障

☾ **月星座が獅子座**

＊ギフトのヒント：堂々たるアピール力、物怖じしない積極性・大胆さ、好きなものをとことん楽しむ心、人を楽しませる演技力・イメージ力

＊ポイント：舞台、エンターテイメント、パフォーマンス、スポットライト

＊ＭＵＳＴ　ＨＡＶＥ：自尊心が満たされること

☾ **月星座が乙女座**

＊ギフトのヒント：仕事を正確かつ迅速にこなす力、鋭い分析力・判断力、人の要求に完璧に応える順応性、控えめながらも完璧な気遣い

＊ポイント：健康、医療、ヒーリング、補佐役、コンサルティング、分析

＊ＭＵＳＴ　ＨＡＶＥ：有能であると認められること

☾ **月星座が天秤座**

＊ギフトのヒント：誰にでも好かれる社交性、センスのよさ・趣味のよさ、組織の中でうまくやっていける協調性、極端に走らないバランス感覚

＊ポイント：ファッション、メイク、デザイン、社交の場、ブライダル

＊MUST HAVE：争いのない、穏やかで心地よい人間関係

☾月星座が蠍座

＊ギフトのヒント：興味あるものをとことん突き詰める探求心、真偽を見分ける力、人を惹きつけてやまないカリスマ性、直感の鋭さ
＊ポイント：スピリチュアル、心理学、生命、遺伝子、研究
＊MUST HAVE：まわりを動かせるという自信

☾月星座が射手座

＊ギフトのヒント：自由な発想力、あふれ出るアイデア、新しいもの、違うものを難なく受け入れる懐の深さ、人を動かすリーダーシップと企画力
＊ポイント：オーガナイズ、外国、旅行、出版、雑誌、アウトドア
＊MUST HAVE：自分の世界観と自由が受け入れられる環境

☾月星座が山羊座

＊ギフトのヒント：大きな目標を着実になしとげる持久力、誰からも信頼さ

れる誠実な仕事ぶり、安全で確実なものを見極める能力
＊ポイント：日本的なもの、歴史、伝統文化、企業、政府、老舗
＊MUST HAVE：その道で結果を出せるという確信

☾**月星座が水瓶座**
＊ギフトのヒント：慣習にしばられない自由な発想、時代の先端をいく幅広い知識、世界を舞台にできる柔軟な感性
＊ポイント：IT、コンピューター、占星術、リニューアル、エコ、環境
＊MUST HAVE：上下関係に縛られない、フェアな人間関係

☾**月星座が魚座**
＊ギフトのヒント：弱者を思いやる優しさ、目に見えないものと対話する能力、ロマンチックな感性、無条件の愛にあふれた繊細な心
＊ポイント：映像、イメージ、写真、音楽、ダンス、癒し
＊MUST HAVE：思いやりと温かみのある人間関係

宇宙法則17 月星座が「自分の本質」を示してくれる

あなたの使命は「あなたらしさを発揮すること」

あなたの「ギフト」、確認できたかしら?

自分の「ギフト」がわかったら、あとはそれを使うだけ。

「ギフト」を使うことがなぜ大事なのかといえば、宇宙との契約を果たしていることになるから。それは、あなたに与えられた使命を果たすことでもあるの。

世の中には、「使命」という言葉を勘違いして受け取ってる人が多いんじゃないかしら。使命ってね、世のため人のために自分を犠牲にして……なんていう、大袈裟なものじゃない。


あなたの使命はただ、あなたらしさを発揮すること。

人間はね、花と同じ。自分らしく咲き誇ることが使命なの。


この「自分らしさ」、仕事のことを語るとき、さほど重要視されてないようだけど、じつはものすごく大切なこと。

なぜって、「自分らしさ」は生命力に直結してるから。

人ってね、自分に向かないことを続けていると、生命力が枯渇してしまうの。

ときどき「自分でも何がしたいのかわからない」「好きなものすらわからない」「何をしても興味がわかない」というような声を聞くんだけど、これは、自分らしくない仕事を続けた（あるいはそれに近い環境に長らくいた）結果、細胞が活力を失ってしまったから。「これが好き！」「これをしたい！」のシグナルを出すのをやめてしまったのね。この場合、冬眠状態の細胞を元気にするために、あることをしないといけない。

それには、「新しいことをする」のがいちばん。
コンフォートゾーンを飛び出してみるの。

コンフォートゾーンというのは、「やり慣れたこと」「安心してできること」……というと聞こえはいいけど、それって裏を返せば、もはや刺激がなくなったことでもあるのね。刺激がないから、細胞が冬眠状態になってるわけ。

でも、ここであえて「不慣れなこと」にトライしてみると、細胞が一気に目覚める。「きゃっ！ なんかわけわかんないコトが起こってる！ ぐうたらしてらんないわ！」って俄然、喝《かつ》が入るわけ。

そうやって細胞が目覚めれば、あなたの「これがやりたい！」っていう感覚も蘇ってくるわ。

2年ほど前だったかしら。E美さんという女性に会ったのね。彼女の悩みは、「どんな仕事をしてもピンとこない」ということ。

「自分に向いてる仕事がわからない。やりたいことも、自分が好きなことすらわからないんです」

彼女の話をいろいろ聞いていると、明らかに細胞が枯渇してる。新しいことを始めない限りずっとこのままだろうなと思い、「何か楽器を習ってみたら？ たとえばハープとか」とアドバイスしたところ、彼女、本当にハープを習い始めた。毎週土曜日、往復6時間かけて東京までレッスンに通い始めたのね。

そして、今年のお正月。E美さんから、こんな年賀状がきたの。

「天職がわかりました。音楽のコーディネーターの仕事です。今、〇〇〇〇フィルハーモニーの日本公演を実現させるべく、全力投球の毎日です。その日のことをイメージすると、ワクワクが止まりません」

E美さんが天職に出会えたのは、コンフォートゾーンを飛び出したから。

「楽器なんて一度も触ったことがない」というE美さんが、毎週末、2時間のレッスンのために6時間かけて通うという冒険に、あえてトライした結果なのね。

こういっちゃなんだけど、「能力」には、ある程度限界がある。その人がもって生まれたレベルというか。同じコーチについて同じ時間練習したところで、誰もが浅田真央ちゃんみたいになれるわけじゃないでしょ？　その人がいける限界ってあるのよ、やっぱりね。ところが、「自分らしさ」には上限がない。

自分らしくあればあるほど――つまり「ギフト」を使えば使うほどオーラが輝き、運やチャンスやお金や、ありとあらゆる豊かさが集まってくるの。

宇宙法則18　天職がわからないなら、コンフォートゾーンを飛び出してみる

Chapter 3

「ギフト」を使えば、人生にスイッチが入る

運のいい人は、「うまくいくこと」だけをやっている

表に出してこそ「ギフト」は効果を発揮する

ちなみに、「ギフト」を使う上で意識してほしいことが、ひとつだけあるの。

それは、ギフトは「表に出すもの」だってこと。

自分だけの楽しみにするんじゃなくて、人目につくようにしてほしいのね。

「ギフト」は、今世生きていくための道具として、宇宙があなただけに与えたツール。

それを通して様々な人とつながり、あなたのよさを知ってもらい、チャンスや収入を得られるようにと、宇宙があなたに与えたツールなの。


だから、「ギフト＝仕事」と考えるのが基本。


それがなぜベストかというと、無尽蔵のエネルギーを引き出すから。

「ギフト」は宇宙から与えられたもの——つまり根っこが宇宙とつながってる

から、際限がない。

海から水を引っ張ってくるみたいなものね。使えば使うほどエネルギーが大きくなって、それにふさわしい豊かさが手に入るの。

実際、強運な人や成功した人達はほぼ例外なく、「ギフト」を仕事にしてるわ。そんなありがたい道具が誰しもに与えられているのに、あろうことか、それをまったく使わずに生きている人もいる。なんてモッタイナイ！

運はね、能力の高さとは必ずしも関係ないわ。能力が高くたって運のない人はいくらでもいるもの。

運が反応するのは、その人のエネルギー。

「ギフト」を使ってエネルギーを拡大させていく人に、運は吸い寄せられていくのよ。

宇宙法則19 「ギフト」は仕事にするのが基本

フルタイムの仕事にしなくてもＯＫ

「ギフト」は仕事にするのが基本。とはいえ、必ずしもフルタイムでなくてもいいと思うの。

今の仕事を辞めるのは難しいという人もいるだろうし、環境的に無理な場合もあるだろうしね。

そういう場合は、休日や週末だけでもＯＫ。できる範囲でかまわないわ。

たとえば、Ｕ子ちゃん。彼女は、平日家業（布団屋さん）を手伝うかたわら、休日はフルート奏者に変身。フルートを吹くことが彼女の「ギフト」であることは間違いないんだけど、家業を継がなきゃいけないから、それを本業にすることはできないのね。

Ｕ子ちゃんはいわく、「フルートがあるから家業もうまくやれてる」。

必ずしも合ってるわけではない家業（本人談）も、週末、人前でフルートを吹くことで、うまくエネルギーのバランスをとってるわけ。

そして何より、フルートを通してソウルメイトに出会ってるの！

お相手は、U子ちゃんがレストランで演奏していたとき、食事にきていた男性。


「ギフト」はソウルメイトにもつながっているのよ。


かくいう私も、「ギフト」でソウルメイトを引き寄せたひとり。

私が「ギフト」を仕事にし始めてから2年ほど経ったとき、ソウルメイトに関する翻訳本を出すことになったのね。そのときの担当編集者がT子ちゃん。

その後、共通の友人の結婚式である男性（私のソウルメイト）に出会ったんだけど、その彼を紹介してくれたのが、なんとT子ちゃん！

「ギフト」を使っていたら
↓
出版社からお声がかかり

↓

その担当者がソウルメイトに引き合わせてくれた

というわけ。

T子ちゃんと仕事をしていなければソウルメイトには出会っていなかっただろうし、そもそも、私が「ギフト」を仕事にしていなければT子ちゃんとはつながっていなかったと思うの。

「ギフト」というのは、ご縁を引き寄せる磁石でもあるのね。

宇宙法則20 「ギフト」はソウルメイトも引き寄せる

「ギフト」がすべて仕事になるわけじゃない

もうひとり、K実ちゃんの例をご紹介しようかな。

K実ちゃんは小さい頃からなぜかイタリアが大好きで、学生時代からずっとイタリア語を習ってたのね。

しばらく販売の仕事をしていたものの、何かイタリアにつながることがしたいということで、イタリアンレストランでアルバイトを始めた。まもなく、語学力をかわれて食材輸入業務をまかされるようになり、正社員へ。毎年数回のイタリア出張をこなすうちに現地でのパイプができ、今では自分の会社をもつまでになっちゃったの。

好きなこと（＝ギフト）を続けていると道が開けるという、見本みたいな例でしょ？

K実ちゃんの場合は「ギフト」が本業になっちゃってるけど、U子ちゃんの場合はそうじゃない。

でも、代わりにソウルメイトに出会ってるでしょ？


このことからもわかるように、たとえ「ギフト」が本業にならなくても、それは必ず「大切なもの」につながってるの。チャンスとか人脈とか、あなたに必要な出会いとか。


「ギフト」を使い始めると、流れが変わるタイミングがやってくる。

お誘いが増えたり、これまでと違う方面から連絡が入ったり、憧れていた人と知り合いになれたり……。

それを境に、流れがどんどん変わっていくの。

これは、あなたのエネルギーが大きくなってきた証拠。

「リッチ」の第一条件、みごとクリアね。

宇宙法則21
ギフトは「大切なもの」とつながっている

「ギフト」を仕事にしてもうまくいかない理由

みなさんの中には、「自分のギフトはわかってる。でも、それを使ってもなぜかうまくいかない……」という方もいると思うの。

その場合、考えられる理由はコレ。


ギフトはひとつしかないと誤解してる。


「ギフト」はね、ひとつだけとは限らないわ。

3〜4つくらいあるのは普通よ。

「歌うこと、教えること、フランスに関すること」

「人の話を聞いてあげること、古寺巡り、旅行、花を育てること」

「子供と接すること、フラワーエッセンス、映画、書道、パン作り」

というように。

でも、このうちどこから芽が出るかは、残念ながらわからない。
書道はなかなか仕事にならなかったけど、フラワーエッセンスのほうはすぐ仕事に結びついた。フラワーエッセンスが軌道に乗ったら、クライアントさんに書道も教えてほしいと頼まれ、そこから生徒さんが増えていった……なーんてことがよくあるのね。

だから、「私のギフトはこれしかない！」なんて限定しないで、「これもギフトのひとつかも」って思うもの、ぜーんぶ使っちゃうのがベスト。

だって、それだけチャンスが広がるもの。
「ギフト」って、チャンスの入口なのね。「ギフト」をひとつしか使わなかったら、チャンスは一ヶ所からしか入ってこない。
「ギフト」を2つ使えば、チャンスの入口は2つ。4つの「ギフト」ぜ～んぶ使えば、チャンスを招き入れる窓は4つになるじゃない？

どの窓から入ってくるかわからないから、ある窓をすべてオープンにしちゃ

えばいいの。

たとえば、女優のS代ちゃん。

「演じることが私のギフト！」と思い続けていたS代ちゃん。大手事務所にも所属してたんだけど、本人の意とは裏腹になかなか仕事が入らない。

そんな彼女の、いちばんのリラックス法はヨガ。本人も「ヨガは私のギフトのひとつかも」っていってたので、じゃあ、ヨガインストラクターにしばらく専念したら？　ってアドバイスしたのね。

するとしばらくして、ヨガ専門誌のモデルに抜擢されて、そこから雑誌の仕事が入り始め、事務所を変えたとたんにドラマ出演が決定。

第2のギフトを使ったら、すべてがうまくまわるようになったの。

「どうしても女優になりたい！演じたい！」って思うこと自体、それがギフトであることには変わりないと思うの。

ただ、第2、第3の「ギフト」を使ったほうが早道ってことも、往々にしてあるのね。

タクシーの運転手さんが、「この道混んでるから、こっち行きますね」って裏道をスイスイ飛ばしてくれたりするじゃない。

人生も同じで、やっぱり「混んでる道」ってあるのよ。通行止めになってる道とか。

それは、タイミングだったりライバルの有無だったり、要因はいろいろあると思うけど、いずれにせよ、それを知ってるのは宇宙だけ。

第1の「ギフト」を使ってうまくいかなかったら、第2第3の「ギフト」を使ってみて。入口を変えてみると、入ってくるものも変化するから。

宇宙法則22 うまくいかなかったら、第2のギフトを使う

うまくいくほうに進むのが、うまくいくコツ

やりたいことがうまくいかなかったら、S代ちゃんのように、うまくいくほうに進むこと。

というのも、うまくいく方向に進むと、それが結果的に「本当にやりたいこと」につながっていたりするからなの。

やりたいことを貫くのもいいけど、それが必ずしも最短距離とは限らないわ。

たとえば、某女性誌の編集者C子ちゃん。

彼女は今、希望通りの職業に就いてるけど、以前はアパレルメーカーのコピーライターだったのね。

とにかく女性誌の編集者になりたくて、何年間かチャレンジし続けたらしいんだけど試験に受からず、縁あって入ったのがアパレルメーカー。

そこでコピーライターとして仕事をするうちに雑誌社とつながり、欠員が出たタイミングで、その会社から声をかけてもらったんですって。

うまくいった方向に進んだら、結果、本当にほしいものが手に入ったわけ。

C子ちゃんのような例は、さほど珍しいことじゃない。

実際、けっこうよくある話なの。

うまくいくというのは、すでに道ができてるってこと。

宇宙がお膳立てしてくれちゃってるのね。

宇宙って意味のないお膳立てはしないから、そこにはなんらかの意図があるはず。将来必要になるスキルを学ばせるとか、必要な人に出会わせるとか、運命の出会いを用意してるとかね。

せっかくだもの、それを利用しましょうよ。

いくらがんばってもうまくいかない、スムーズに事が運ばないというのは「通行止め」の標識が出てるのと同じ。

通行止めになってるところを、なにも意地になって進む必要はないじゃない？

それより、道ができてるほうを行きましょうよ。

気が進まないことをやる必要はないけれど、「あ、それも悪くないな」と思うなら、その世界をちょっと覗いてみてもいいんじゃない？


うまくいくというのは、あなたが求められているということ。

そこにいる理由が、何かしらあるということなの。


宇宙がお膳立てしてくれてる道には、思わぬお宝が落ちてたりするものよ。

宇宙法則23 うまくいかないのは、宇宙からのNGサイン

あなたに「ふさわしいこと」はうまくいく

ここでちょっと「ギフト」から離れて、「運」のお話をするわね。

「運」というのは、いたってシンプル。

あなたが思っている以上にね。


自分にふさわしいことをやっていればうまくいくし、ふさわしくないことをやろうとすればうまくいかない。


前者の状態を、人は「運がいい」といい、後者を「運が悪い」と呼ぶ。

それだけなの。ということは……わかるかしら？

運をよくするには、「自分にふさわしいもの」を選べばいいってこと。

運は「運ぶ」と書くでしょ？　そう、「うまく運ぶもの（＝うまくいくもの）」が運なのね。だから、うまくいかないものにはサッサと見切りをつけること。

うまくいくものだけを追っていけば、運はおのずとよくなるわ。

「同じ波動のものは引き合う」――これが、宇宙の大原則。

うまくいくものは、さらにうまくいくものを引き寄せる。

うまくいくものだけを選択することで、うまくいくものしか寄ってこれなくなるの。この状態ができ上がっちゃってる人が、いわゆる「強運な人」。つまり、本物の「リッチ」よ。


自分にふさわしくないことをやろうとすれば、うまくいかないのは当たり前。


たとえば、R子さんがいい例ね。彼女は、最初立ち上げた会社がうまくいかず、次に興した子会社も赤字続き。そんな折、「故郷に帰るから引き継いでくれない？」と友人から譲り受けた飲食店が、なんと大成功！　R子さんいわく、「飲食店をやるなんて考えたこともなかった。でも、やってみてはじめてわかったわ。私は会社経営なんて向いてない。接客が好きだったんだって」

結局、会社がうまくいかないのは、宇宙からの「ＮＯ」サインだったのね。

これって、ありがたいことだと思わない？

「NO！　そっちじゃないでしょ」って宇宙が教えてくれてるんだもの。せっかくの忠告だもの、うまくいかなかったら、「あ、こっちじゃないのね」とさっくり認めて、ベクトルを変えればいいの。

繰り返しになるけど、「仕事運がない」というのは、運がないんじゃない。自分にふさわしいことをやっていないというだけなの。

「男運がない」のもそう。運が悪いんじゃなくて、自分にふさわしくない人ばかり追いかけてるってこと。

運がいい＝自分にふさわしいことをしている。
運が悪い＝自分にふさわしくないことばかりやっている。

たとえ思い通りにいかなくても、あなた自身が否定されてるわけじゃない。

ただ、自分の「ギフト」を知らない、あるいは活かし切っていないというだけ。

うまくいかなかったら、「ギフト」の方向に舵を切ればいいのよ。

宇宙法則24
うまくいかないことにはサッサと見切りをつける

人のために使ってこそ「ギフト」

ギフトを仕事にしてもうまくいかない、もうひとつの理由。

それは、「ギフトをオープンにしてない」ってこと。

ときどき「ギフトを使ってるのに何も起こらない」っていう人がいるんだけど、そういう方に限って、「ギフト」をまわりに見せてないのね。

自己満足で終わっちゃってる。

前にもいったように、「ギフト」は表に出してこそ価値があるの。

表に出すというのは、それを通して「人とつながる」ってこと。

たとえば、前出のM美ちゃん。

彼女は最初、老人ホームでお年寄り相手にマッサージすることから始めてる。自分の「ギフト」をボランティアという形でまわりに見せたのね。

Y子さんも最初は、ご近所の奥様方や知り合いに片っ端から練習台になってもらったっていうし、S代ちゃんだって、ヨガインストラクターとしていろんなジムと契約してた。

自分の「ギフト」を積極的に披露したわけ。

たとえば、「アクセサリーを作ること」がギフトなら、作ったものを人目に触れるようにしないと。

作品のHPを立ち上げるとか、自分が身につけていろんな所に出入りするとか。お店に置いてもらうのもいいし、似合いそうな人に「これ、つけてみて」って渡すのもいいわね。

どんなに素晴らしい「ギフト」をもっていても、それを知る人が誰もいなかったら、たんに宝のもち腐れ。「ギフト」は人のために使い、知ってもらってこそ意味があるのよ。

宇宙法則25 「ギフト」を通して人とつながることでうまくいく

「ギフト」を使うと幸せ度がアップする

「ギフト」を仕事にし始めると、幸せ度がぐーんとアップする。それは、魂が満たされるから。と同時に、人から感謝されることが多くなるからなのね。

「ギフト」というのは、あなたにとってはできて当たり前のことなんだけど、他の人達にとっては必ずしもそうじゃない。だから、こちらが普通にやってあげただけで、ものすごく感謝されたりするわけ。

たとえば、私はパソコンがかなり苦手。パソコンがフリーズしたりデータが飛んじゃったりして、「あわわわわ、ど、どーしよーー」となることもしばしば。そんなとき泣きの電話を入れるのが、10年来の友人、O君。

彼にヘルプを頼むと、どんな問題でもあっという間に解決してくれるの。パソコン修理は朝飯前、データを修復してくれたり、そのついでにホームページのアップもちょちょちょいのちょょいとやってくれたり。

そんなO君に、「忙しいのにホントにごめんね～～いつも迷惑かけてるんじゃないかと思って」というと、「いやいや、全然だよ。機械いじるの好きだから苦にならないよ」って。たしかに、私が丸1日悪戦苦闘してまったく歯がたたなかったことを、O君はものの5分でサラリとやってのける。

私自身のことを考えてみても、話のついでに相手のホロスコープ（出生図）をみてアドバイスしたりすることがあるけど、ぜんぜん苦じゃないのね。がんばらなくてもできることだから。むしろ、感謝されることでこちらが元気をもらえてしまう。そんなとき、「ああ、ギフトを使えるって、なんてありがたいんだろう」ってつくづく思うの。

人は、感謝されることで幸せを感じ、エネルギーが大きくなるの。そうやって魂が通い合ったとき、最高の幸せを感じるようにできてるのね。

そして、ギフトを使っている人は、それが頻繁《ひんぱん》に起こる。幸せを感じるチャンスが多いから、エネルギーがどんどん大きくなっていくのよ。

宇宙法則26 感謝されることで、エネルギーが大きくなる

ホースにつまった石コロを取り除く

ちょっと話を戻すわね。18ページで「運を引き寄せられないのはエネルギーが縮こまっているから」という話をしたでしょ。

この「縮こまっている」理由なんだけど、じつは、自分以外のエネルギーが要因になっていることが、すごく多いの。

とくに多いのが、親や上司といった他者のエネルギーをしょいこんでしまっているケース。

たとえば、「どうしてあなたはできないの⁉」と母親にいわれ続けて育った人は、「自分はできない人間」と思い込んでしまっているし、ダメ出しばかりする上司のもとでは、やはり自信を失ってしまう。親や上司のエネルギーが本人のエネルギーを押し留めてしまってるのね。

そうかと思えば、トラウマや失恋など「過去」に邪魔されている人もいる。

読者さんの中に、「第一志望の大学に落ちてから、『所詮二番目のものしか手に入らない』という思いが抜けなくて……」という方がいたけど、これは、過去にとらわれて自分で可能性を狭めちゃってるケースよね。

もうひとつ多いのが、合わない環境に自分を閉じ込め、カゴの中の鳥になっちゃってる人。

「今の仕事は好きじゃないけど、生活のために我慢しなきゃ……」「辞めたいけど、他に雇ってくれるとこないもの」などとカゴの大きさに自分を合わせ続けた結果、羽を広げることができなくなってしまったのね。合わない環境で好きでもない仕事をやり続けていたりすると、こういうことがまま起こるの。これらはみな、その人本来のエネルギーが滞ってしまってる状態。


たとえるなら、ホースに石コロが詰まった状態ね。

ということは、石コロを取り除けばいいだけのこと。


なんだけど……実際のところ、それを取り除くのはカンタンじゃない。

過去のトラウマとか親とのしがらみって、そう簡単になくなるものでもないでしょ？　でも、ちょっと考え方を変えてみて。

取り除くのが難しいなら、水の勢いを強くして石コロを押し出してしまえばいいの。

蛇口をめいっぱいひねって、石コロがふっとんでしまうほどの水量を出せば。

つまり、あなたの中に眠っているエネルギーを揺り起こす！

そして、それを可能にしてくれるのも、やっぱり「ギフト」。

絵を描くのが好きなら休日はスケッチに行くとか、書くことが好きなら小説を書いて選考会に応募してみるとか。たとえアフター5や週末だけであっても、「ギフト」を使う時間を意識的に作る！

そうやってエネルギーが強く大きくなれば、不要なものは自然に剥がれ落ちていくわ。

宇宙法則27
「ギフト」を使って、エネルギーの詰まりを取り除く

「ギフト」を使えば、ほしいものが押し寄せる！

たとえば、ゴージャスな女性に見られたいならブランドものを、清楚な女性に見られたいなら白×紺のワンピースを着たりするじゃない？

こんなふうに、「こうなりたい」という理想の姿をファッションで表現すれば、それにふさわしい人がやってくるの。仕事も、それと同じなのよ。

あなたがもし、仕事を通してきちんと自分を表現できていれば、人生に必要なチャンス、人、モノ、お金は、すべて自動的にやってくる。

仕事だけじゃないわ。「自分を表現できる仕事」をしているだけで、あらゆるチャンスが当たり前のように降ってくるの。

私は「ソウルメイトリーディング」という仕事をしている関係上、ソウルメイトに出会えた人に実際会って話を聞くことが多いのね。そして、そこから得た結論は、「仕事で輝いている人はソウルメイトに出会いやすい」ということ。

とくに、自分の「ギフト」を仕事にしている人は、かなり高い確率でソウルメイトに出会ってる！

「ギフト」が必ずしもフルタイムの仕事になるわけではないし、環境的にそれがままならないこともあると思うの。でも、だからといって、自分らしさを表現できない仕事をするのは、まったくもって時間のムダ。収入がたとえ低くなったとしても、心満たされる仕事をしてほしいの。だって、今現在の収入って、あくまでも一時的なものだもの。

今後、あなたらしさが際立つ仕事をしてエネルギーが雪だるま式に増えていけば、収入なんていくらでも上がる。逆に、つまらない仕事や自分らしくない仕事を続けていたら、エネルギーが枯渇してせっかくの「ギフト」すら使えなくなってしまう。収入アップどころじゃなくなってしまうわ。

仕事はお給料ではなく、「自分を表現できるかどうか」で選ぶべきなの。

ここでちょっと、誤解のないようにいっておくと……。

「自分を表現できる仕事」というのは、必ずしも華やかな仕事やクリエイティブな仕事を差すわけじゃない。「自分を表現できる」というのは、あなたのよさがしっかり活かされてるってこと。

つまり、仕事を通して、あなたという商品をアピールできるかどうかなのね。

「数字に強くて計算が速い」というのがあなたのギフトなら、経理や会計が自分を表現できる仕事になるだろうし、「人の気持ちを和ませること」がギフトなら、秘書とかカウンセラーの仕事がそうかもしれない。どんな職種であれ、あなたの輝きが最大限引き出される仕事であれば、それは「自分を表現できる仕事」になるの。

あなたがいちばん輝いて見える仕事は、間違いなく天職！

輝いているということは、オーラを放っているということ。オーラというのはあらゆるものを引き寄せる力があるから、その仕事をしているだけで自然と運がよくなっていくのね。

さらに、褒められたり感謝されたりってことが多くなるから自信がついて、自己評価が高まる。自分のことが大好きになって余裕が出てくる。エネルギーが雪だるま式に膨れ上がって、チャンスが次々と降ってくるようになるわ。

仕事は「自分を表現する手段」であると同時に、「自分が輝くためのポジション」と考えて。

人にはそれぞれ、いちばん輝けるポジションがあるの。

人前で話しているときに光輝く人もいれば、演奏しているとき最高のオーラを放つ人もいる。人のお世話をすることでよさが光る人もいれば、何かを教えているときにイキイキしてくる人もいる。

どういったシチュエーションで、誰を相手に何をしているときに輝くのか――。

それを見極めてほしい。

輝いて見えるということは、その表現法があなたに合っているということ。

これを基準に仕事を選ぶと、人に愛を与えようとか、どうやったら人を幸せにできるかなんてわざわざ考える必要がないのね。だって、輝くあなたが笑顔で仕事をしているだけで、まわりは十分愛を享受できるもの。

日本人はとかく「一生懸命」とか「真面目にコツコツ」が美徳と思いがちだけど、これ、収入や入ってくるお金の額とは一切比例しない。

「お金」と比例するのは、愛と笑顔と喜びだけ。
これこそが豊かさの正体――「リッチ」の正体なの。

もしかすると、「自分が輝いてるかどうかなんてわからないわ」という人がいるかもしれないわね。でも、心配は無用よ。あなたがキラキラ輝いてるときってね、たとえ自分ではわからなくても、必ず誰かが指摘してくれるの。
「お客様と接してるときのあなた、イキイキしてるわよね！」とか「子供と一緒にいるときのあなた、本当に幸せそう！」とか。
そういう褒め言葉って、その人がいってることのようにみえて、じつは宇宙からのメッセージでもあるの。人を通してメッセージを送ってくるっていうのは、宇宙の常套手段。人のいうことには素直に耳を傾けたほうがいいのね。

宇宙法則28 あなたの「天職」はまわりが教えてくれる

ギフトと宇宙の関係

「ギフト」を使うようになると、あなたのエネルギーがしだいに大きくなって、運を動かす力が出てくる。

自分を取り巻く環境も、少しずつ変わってくるのがわかると思うの。新しい知り合いが増えたとか、今まで苦手だった人が苦手じゃなくなるとか。

それと同時に、「ギフト」を使うことでさらに現れる大きな変化——それは、宇宙のサポートが入り出すということ。

たとえば、小さい頃からキッチンに立つのが大好きだったH代ちゃん。

彼女はつい1年前まで、保険会社のOLさんだったのね。

でも、「週末だけでも料理の仕事をしてみよう」と思い立ち、自宅でできるケータリングの仕事を始めたの。

すると、お友達のひとりが「最近同じようなビジネスを始めた人がいるから、その人と共同でやってみれば？」という話をもってきて、会ってみるとなんと、小学校時代の同級生！　しかも、彼女のご主人が舞台関係の仕事をしていて、仕事はいくらでも入ってくる。

そんなわけで、週末だけと思って始めたH代ちゃんの仕事は、あっという間に本業になってしまったのね。

ギフトを使い始めると、自分のエネルギーが大きくなる一方で宇宙のサポートまで入り出す。そして、運がどんどんよくなっていくの。

なぜ、ギフトを使えば使うほど運がよくなるのか？
それは、宇宙との契約を果たすことになるから。

前に生まれ変わりの話をしたけれど、私達は生まれる前に、今世のテーマ（課題）を設定してくるのね。

その課題を魂に刻み込み、宇宙と契約を結んだ上でこの世に生まれてくるの。

その際、「今世ではこれを使いなさい」と、その人にいちばんふさわしい道具が与えられる。それが、「ギフト」。

「ギフト」は、今世の課題に取り組むための道具だから、それを使えば使うほど、今世の課題に取り組んでいることになるわけ。

宇宙からすれば、自分の与えたギフトをちゃーんと使っているのを見たら嬉しい。その人を応援したくなるのは当然じゃない？

私達だってそうでしょ？

自分が贈ったものを、友達がいつも使ってくれてたら嬉しいじゃない？

私も読者さんに声をかけられて、その方が私のジュエリーをつけてくれてたらものすごく感動するもの。宇宙だって同じ気持ちよ。

「ギフト」はしまっておくものじゃない。

とにかく表に出さなきゃ！

だって、「今世、これで世の中渡っていきなさいよ〜」って与えられたツールだもの。

それを使うことを前提に生まれてきてるのに、使わないでどうするの⁉

「みてみて、私、ギフト使ってるわよー！」

って宇宙にアピールしなきゃ！

ちゃんと使っているところを見せれば、宇宙は何かしらメッセージを送ってくる。チャンスだったり仕事だったり、あなたに必要な人脈だったり。

「ギフト」というのはあなた自身のエンジンであると同時に、宇宙とあなたをつなぐ唯一のツールでもあるのね。

「ギフト」を使い始めると宇宙のサインやシンクロが多くなるのは、それがあなたと宇宙をつなぐパイプ役だからなの。

宇宙法則29 「ギフト」を使うとシンクロが多くなる

Chapter 4

「宇宙の波動」に近づくコツ

あなたも、いいことばかり引き寄せる「磁石」になれる

リッチを引き寄せる「波動」とは？

エネルギーが大きくなると、引き寄せ力は確実に高まる。

運を動かす力も出てくるしね。

でも、残念ながら、それだけじゃ「リッチ」までいかない。


というのも、エネルギーはたんに大きさの問題だから。

そこにクオリティは入ってないのね。


エネルギーが大きいだけの人は、一見、リッチっぽく見える。勢いがあるし、とりあえずお金はあったりするから。

でも、その裏で、家庭が崩壊してたり、お金や人間関係のゴタゴタを抱えてたりすることも少なくないわ。外見と実情が違うというか。

エネルギーが大きくなるとなまじ引き寄せ力が強くなるから、有象無象のものを引き寄せてしまい、結果、ありがたくないものまで寄ってくることがあるのね。

これ、私のいう「リッチ」と似て非なるものよ。あなたに目指してほしいのはそういう「リッチもどき」じゃなくて、「本物のリッチ」。

お金がたっぷりあって、お金で買えないものもサラリと引き寄せ、幸せなものだけが向こうから寄ってくる正真正銘のリッチ――そんな美しい磁石になってほしいの。

そして、そこで問われるのが、エネルギーの「質」。

本気でリッチになりたいなら、エネルギーを大きくするだけじゃなく、その「質」まで高めなきゃいけないのね。

なんでも引き寄せられるようになったって、ネガティブなものまで寄ってきちゃったら意味ないでしょ?

「本物のリッチ＝エネルギーの大きさ×クオリティの高さ」と考えて。

そして、そのクオリティを左右するのが、「波動」。

いいエネルギーを放ちたかったら、自分の波動を高めることがどうしても必要になってくるの。

波動というのは、その人が出す周波数みたいなもの。

エネルギーは大きいか小さいかだけど、波動は高いか低いか。

その人が放つエネルギーの純度というか精度――クオリティを物語るのね。

「大きなエネルギー×高い波動＝上質のものを引き寄せる力」ということになるかしら。

エネルギーを大きくして波動を高めることが、リッチになるいちばんの早道なのね。

では、「高い波動」とは？

カンタンにいえば、「宇宙の波動に近い状態」のこと。

宇宙エネルギーの根源である「愛」にあふれた状態、といってもいいかしら。

残念ながら、宇宙レベルでみると、地球の波動はけっして高くない。

それは、肉体をもつが故に起こる病や争い、怒り、不安、恨みつらみといったものが、地球全体の波動を引き下げてしまってるからなの。

でも、だからといって、あなたまでその仲間入りすることはないわよね。


世の中には波動の高い人もたくさんいるし、実際、意識を高めることによって、波動を上げることは十分可能よ。


そもそも、運やチャンスは波動の高い人にしか寄ってこないのね。

というか、「寄っていけない」。

次元が違うから。

宇宙には「同じ波動のものは引き合う」という法則があって、それでいうと、幸運やチャンスというのは、いうまでもなく波動が高い。

だから、同じく高い波動をもつ人にしか近づけないわけ。

富士山の麓《ふもと》にはたくさん人がいるけど、頂上にいる人はごくわずかでしょ？

そこには、汚れたものが一切ない。

頂上にいる人だけが神聖な空気を吸い、ご来光を拝むといったチャンスに浴することができるの。

波動が高い人というのも、ちょうどそんな感じ。寄ってくるもの、近づいてくるものがすべて幸運やビッグチャンス、という具合。だって、波動が高い人のまわりには、そもそもそういうものしかないわけだから。

波動が高いということは、宇宙のＶＩＰルームにいるのと同じなのよ。

宇宙法則30 エネルギーの質は「波動」で決まる

波動を決めるのは「思考」と「感情」

だったら波動を高めるだけでいいじゃない？　っていったら、けっしてそうではないの。本気でリッチになろうと思ったら、やっぱりエネルギーが大きくないとムリなのよ。波動を上げるにもエネルギーが必要だから。

波動とエネルギーの最大の違いは、波動は「移る」ってこと。伝染するのね。だから、波動を上げたければ、波動の高いものを身のまわりに置けばいいの。

波動の高いものを食べたり、身につけたりするのもいいわね。

極端な話、波動の高い人と四六時中一緒にいて高い波動を浴び続ければ、自分の波動も「ある程度」までは高くなるわ。エネルギーは自分の中で作り出さなきゃいけないけど、波動はモノや人や場所の力を借りることができるのね。

とはいえ、自分でなんとかしなきゃいけないものが2つある。

それが、「思考」と「感情」。

さっき「ある程度までは」といったのは、この2つがネガティブだと、どんなにいい波動を浴び続けてもけっして波動が上がらないからなの。

ここからは、波動を決める最大要因、「思考」と「感情」についてお話しするわね。

「ポジティブ思考」とか「プラス思考」ってよくいうわよね。

これはもちろん、大事なこと。

「悪いことを無理やりいいほうに考えるって、なんだかイタくないですか？」って誰かがいってたんだけど、私にいわせれば、定義がちょっと違うのね。

私の思うプラス思考（ポジティブ思考）は、ネガティブなことを無理やりいいほうに考えるってことではなく、「この世は陰陽の法則で成り立っている」という事実を知っておく、ということなの。

「陰陽の法則」については、28ページでご説明したわね。この世のすべては、陰（マイナス）と陽（プラス）のエネルギーで成り立っていて、この2つが互いにバランスを取り合うことで、秩序が保たれてる。プラスのこと、あるいはマイナスのことだけが延々続くというのは、エネルギー的にありえないのね。

いいことが続けばたまによくないことも起こるし、悪いことがあったら、いずれ必ずいいことがある。

つまり、悪いことというのは、いいことの前触れなのね。

ジャンプをする前に、いったんしゃがまなきゃいけないのと同じことよ。


だから、ショックなことがあったら「次はどんないいことがあるのかしら？ワクワク♪」くらいに思ってればいいの。


これは考え方というより、エネルギー上の法則。要はそれを知っているかどうか。

この法則を知っていれば、悪いことがあったからといって、べつに落ち込む必要もないでしょ？

宇宙法則31
悪いことはいいことの前触れ

宇宙と自分の波動を合わせる方法

とはいえ、なかにはこういう人がいるかもしれない。

「悪いことの後にはいいことがあるっていうけど……私は悪いことばっかり。いいことなんてひとつもないわ」


つまり、陰陽の法則が当てはまらない人ね。

これは、残念ながら宇宙と波動が合ってない証拠。

宇宙との相性がよくないってことなのね。


相性の悪い人とはトラブルが多いでしょ？

先生と相性が悪くて怒られてばかりとか、上司と相性が悪くてなかなか認めてもらえないとか。

この相性というのは、結局「波動」のことなのね。

波動が合わないと、どうしたってうまくいかない。悪いことばかり起こる。

本来であれば悪いことの後にはいいことが起こるはずなのに、宇宙と波動が合ってないから、宇宙のルールである陰陽の法則も当てはまらないというわけ。

これはいってみれば、宇宙のしつけを受けてる状態。

「ちょっとキミ、こっちと波動が合ってないよ。もっと波動上げてくれないとチャンスあげられないよ〜」

っていわれてるワケなの。

まあ、家や学校なら飛び出すこともできるけど、宇宙から飛び出すことはどうしたって無理だから、こっちが波動を上げるしかないわね。

波動が上がって宇宙の波動に近づけば、ちゃーんと陰陽の法則が効いてくる。


ネガティブなことがあっても、それがいいことにつながるようになるわ。


波動が高くなってくると、こうした「反転」速度が上がるの。

裏を返せばすぐ表、みたいに。

悪いことが続かないのね。

そうなると、たとえイヤなことがあったとしても、クヨクヨするヒマがない！

「コレ、なんの前触れかしら？」って、ネガティブなことすら楽しめるようになっちゃうわ。

宇宙の波動は、軽くて穏やか。

宇宙と波動を合わせたかったら、こちらも同じ波動でいなければ。

そのためには、「よい思考」と「よい感情」をキープする。

思考と感情を変えれば、波動は確実に変わってくるわ。

宇宙法則32

波動は「思考」と「感情」で確実に変わる

「よい思考」は幸せホルモンを引き出す

ここからは、「よい思考」と「よい感情」についてお話しするわね。
まずは、「思考」から。そもそも、「よい思考」ってどういうものかしら？
いろんな考え方があると思うけど、私の思う「よい思考」は、コレ。

「幸せホルモンであるセロトニンがどんどん出る思考」

これだったら、何か考えるたびに幸せホルモンが出るんだもの、最高じゃない？
幸せホルモンのセロトニンというのは、簡単にいっちゃうと「物事を肯定する」ことで出るのね。逆に、否定に走るとストレスホルモンであるコルチゾールが出やすくなっちゃう。たとえば、「おキレイですね」っていわれたら「とんでもない、私なんか……」などと否定しないで、「まあ嬉しい。ありがとうございます（ニッコリ）」と返せばセロトニンがビューンと出るわけ。

あとは、イメージング。みなさんは、思考に2種類あるのをご存じかしら？

ひとつは左脳を使う「論理的思考」、もうひとつは右脳を使う「イメージ思考」。

普通、思考というと「論理的思考」のことだけを指すように思うけど、じつはイメージングも立派な思考なのね。


そして、このイメージングこそが、「よい思考」を作る立役者！


というのも、幸せホルモンのセロトニンは、言葉よりイメージに反応するからなの。たとえば、「モナコにある300平米のペントハウスに住む」みたいなことを考えてたとしたら、それを言葉で唱えたり書いたりするより、そのシーンをありありとイメージしたほうが、セロトニンがたくさん出るのね。

結局、「よい思考」のキモはイメージング。言葉であれこれ考えるんじゃなく、おもわずニンマリするようなイメージングを習慣にしちゃえばいいの。

宇宙法則33 「よい思考」は言葉よりイメージングで作られる

思考と視覚はつながっている

じつは、「よい思考」は意識的に作ることができるの。それも、とってもカンタンな方法で。ここからはその方法をお伝えするわね。まずはひとつ目。

｜「目に入ってくるもの」を変える

映画やドラマなんかでよく、主人公が夕日を見つめてるシーンが出てくるじゃない？　これはあながちポーズじゃなくて、じつは理にかなったことなの。私達も仕事で疲れたときとか頭がこんがらがったときとか、窓の外をぼーっと見ていたくなるわよね、本能的に。

これは、遠くを見ていると余計な思考が消えるから。つまり、頭の中が浄化されるのね。

そもそもネガティブ思考というのは、目の前のものしか見えてない状態。目先のものにとらわれてる状態よね。

そういうときは、視線を目先から遠くに移す。

視界を広げることで、凝り固まった脳ミソをグイッと広げるの！

海に沈む夕日みたいに雄大な景色であれば最高だけど、そうじゃなくてもぜんぜんＯＫ。遠くの景色を見るだけでも効果あるわ。

ビルの屋上から遠くを眺めるとか、月や星を眺めてみたりね。

とにかく、視界を広げる！　これがポイント。視界と思考はつながっているから、目にするものがおおらかだと、思考もおおらかになるの。

ためしに、イラッときたときとか不安な気持ちになったとき、遠くの景色を見つめてみて。もやもやが消えて思考がクリアになるから。

電車に乗っているときも、できるだけ外の景色を眺めるといいわ。ケータイやスマホにかじりつくんじゃなくてね。

それと、「遠くの景色」の中でもとりわけ効果が高いのが、「朝日、夕日、海、山」。この4つは、対象そのものにエネルギーがあるから、パワーももらえて一石二鳥。それがときどき違う景色だったら、さらによし！

視界に入るものが新鮮だと、思考に刺激が加わって細胞も活性化するの。

その意味では、旅行がすごくいい。引越しも効果あるわね。

ちなみに、私が住まいを選ぶ際、もっとも重視するのが「視界」。景色というより、「突き抜けた視界」があることがＭＵＳＴなの。窓から外を見渡したとき、視界を遮るものがないこと。スコーンと遠くまで見渡せることね。

というのも、視界は思考だけじゃなく、可能性ともリンクしてるから。

突き抜けた視界は「限りない可能性」があるのと同じこと。

そういう部屋に住むと、無限の可能性が引き出されてくるの。

これは、視界が潜在意識に影響するからなのね。

宇宙法則34 旅行や引っ越しで視界を変えると思考も変わる

歩くとサインをキャッチしやすくなる

よい思考を作る、もうひとつの方法、それは……。

2 歩くこと

私はこれを、ＯＬ時代の上司から学んだの。

彼はふだん役員車で移動してたんだけど、何か問題が起こったり、アイデアに詰まったりすると、「歩いていくよ」といってクルマを断ってたのね。

「歩くといい考えが浮かぶから」って。「キミも歩きなさい、思考が変わるぞ」っていわれて、私もそれから歩くことを意識するようになったんだけど、確かに、歩いているといろんなアイデアを思いつくの。

何を隠そう、こうして書いている本の内容だって、歩いてるとき思いつくことがほとんどだもの。

歩いていいのは、宇宙のサインをキャッチしやすいってこと。

鳥のさえずり、木々のざわめき、花の香り、空気の匂い、子供達の会話、交差点の看板……五感を通して、ありとあらゆるメッセージを受け取れる。

それが、行き詰まっていることのヒントになることは少なくないわ。

これ、室内にいたら到底ムリよね？

クルマや電車に乗っているときでももちろんサインはキャッチできるけど、スピードが遅い分、歩くほうがキャッチしやすいのね。たとえば、クルマに乗っているときは子供達の会話なんて耳に入ってこないじゃない？

歩いている時間は、宇宙と対話する時間でもあるのね。

そもそも今の私達って、ネガティブ思考に陥りやすい環境にあるのよ。

都会に住んでるとくに、高いビルが立ち並んでいて視界が遮られているし、何よりよろしくないのは、スマホやパソコンといった情報機器。

これらが当たり前になったおかげで、私達は1日中、せせこましい画面に釘付けになってる。これじゃあ、思考が行き詰ってもしょうがないわ。
脳ミソが、あのちっぽけな画面を「自分の世界」と認識しちゃってるんだもの。「イヤイヤ、そうじゃない。私の世界はもっと広大なのよ！」と脳ミソにわからせるためにも、遠くを見る。そして、歩く！　歩いているときは身の安全を確保するため、目をあちこちに移動させるでしょ？　視界が広がると同時に、これが目の運動にもなるわけ。ジョギングでもいいけど、走るとなるとそここそ準備が必要。その点、歩くのはなんの準備もいらない。

「あー、なんかよくないことばかり考えてる、いかんいかん……」と思ったら即、外に出て、15分くらいブラブラ歩いてみる。

そんなカンタンなことで、小さく凝り固まった思考をほぐすことができるの。身体を動かすことで、血行もよくなるしね。近場であっても知らない道を通ってみたりすると、思わぬ出会いや発見があるものよ。

宇宙法則35　歩くことで思考が切り替わる

「シアワセ♡」と感じる時間を意識的に作る

波動を決めるもうひとつの要素、「感情」についてもお話しするわね。

じつをいうと、重要なのはこちらのほうなの。

思考というのは文字通り、「思って考える」こと。

考えるとはいっても、実際は「思う」のが最初。先に思い（感情）があって、そこから色々考えをめぐらしているのね。ということは、「感情」がよければ、思考は自動的にポジティブになるってこと。

結局、思考のベースは感情なのよ。よい思考をもちたかったら、「楽しい」とか「シアワセ♡」って感じる時間を増やせばいいだけ。

だって、ゴキゲンなときにマイナス思考が生まれる余地はないでしょ？

嬉しくてしかたないときに、ネガティブなことなんて思いつくかしら？

まさか！　心配事が心配じゃなくなるくらい、ポジティブになれるでしょ？

そのとき、あなたの思考はとてもよい波動を生み出してるはずなの。

だから、フォーカスすべきは感情のほうなのね。

では、「よい感情」でいるための方法とは？

｜「ギフト」を使う

感情というのは、「認められること」と関係してるのね。

一生懸命やったのに認められなかったり、ないがしろにされたときは不満を感じるし、逆に、自分の存在を認めてもらえたときは喜びを感じる。

このことからもわかるように、感情は「対人関係」から生じるものがほとんど。人からどれだけ認められ、受け入れられ、大事にされているかがあなたの感情をおおいに左右するということなの。だからこそ、「ギフト」を使う。

これまでご説明した通り、「ギフト」はあなたのアピールポイント。

今世を生きるために与えられた、あなただけのスペシャルツールなのね。

それはあなたにしかできないことであり、それをやることで、あなたがいちばん輝いて見えるもの。がんばらなくてもできてしまうことだから、それを使えば使うほどあなたの存在は際立ち、感謝される！

「ギフト」を使っているときのあなたは、一目置かれる存在。たくさんの人から感謝されるから魂が満たされ、心が安定してくる。


「ギフト」は心の安定剤でもあるのよ。


本来やるべきことをやっているという充実感。自分が求められているという幸福感――これは、何ものにも代えがたい。

感情が安定しないのは、自分の根っこがフラフラしてるから。

やるべきことをやっていないから。

居場所がわからないから、心がさまよい続けるの。

あなたがもしそんな状態なら、この世にしっかり碇《いかり》をおろすこと。

「ギフト」という碇を使ってね。

宇宙法則36
「ギフト」を使うと気持ちが安定してくる

自分の「MUST HAVE」を知る

「よい感情」を作るための、もうひとつの方法はこれ。

2 自分の「MUST HAVE」を知る

「ギフト」とともに感情の安定に欠かせないもの——。

それが、「MUST HAVE」。

65ページでもご紹介したように、あなたが人生において、「これだけは譲れない」と思うもののことよ。

この「どうしても譲れないもの」を手にしているかどうかで、心の状態はおおいに変わってくるわ。

人生に欠かせないものは、人それぞれ。

「安定」がほしい人もいれば、「刺激」が欠かせない人もいる。

「人生の中で、どうしても譲れないものはなんですか？」


そう聞かれたら、あなたはどう答えるかしら？

私の場合、それは「自由」。安定や保障なんてなくてもいいから、とにかく自由がほしい。会社を辞めたのだって、自由がほしかったからだもの。

「MUST HAVE」は、人生の「核」というべきもの。

日々の生活の中でこれを意識することは、あまりないかもしれない。

でも、何より大切なものよ。

それを手にしているかどうかで心の在り方、幸せ度が決まるから。

自分の「MUST HAVE」がなんなのかを知っている人は、人生がブレない。

自分の「幸せ」の原点はなんなのか。

何があればパワーが出るのか、100％自分らしくいられるのか。

自分の「MUST HAVE」を知ることは、「ギフト」を知ることにもつながるのよ。

宇宙法則37 「MUST HAVE」を知っている人はブレがない

五感で幸せグセをつける

さて。よい感情を作る最後の方法、それは――

3　五感を喜ばせる

幸せというのはハートで感じるものだけど、それをキャッチするのは五感。
だから、五感が「心地よい」と感じることをたくさん取り入れればいいのね。
たとえば……

・お気に入りの写真を飾る、センスのいい写真集を眺める（視覚）
・波の音のCDをかける、寝る前にオルゴールを聴く（聴覚）
・評判のレストランに行く、高級チョコを一粒食べる（味覚）
・シルクのブランケットで寝る、極上のタオルを使う（触覚）
・好きなアロマを焚く、バスタブをローズの香りで満たす（嗅覚）

こんなふうに、1日の中で、五感が喜ぶチャンスをいっぱい作ればいいの。

感情って、じつはクセなのね。


「怒りっぽい人」とか「不安になりやすい人」っているでしょ？

これは、もともとの性格以上に、そういう「クセ」がついちゃってるの。

クセだから、矯正は十分可能。夜型を朝型に変えるみたいなものよ。

そうはいっても、感情はひとりでに湧き上がってくるものだから、強制的に変えようと思ったところで、それはムリというもの。

だからこそ、五感を使う！　五感は感情とつながってるから、五感にとって心地よければ感情もハッピーになるというわけ。

だってそうでしょ？「あ〜気持ちイイ♪」っていうとき、怒りや不安なんて湧いてこないじゃない？　五感が喜ぶとね、感情がハッピーになるばかりでなく、いいことがいっぱい起こるようになるの。

というのも、受け取る情報が増えるから。

五感ってそもそも、人間に備わったアンテナなのね。危険をキャッチしたり獲物を捕らえたりという、生き延びるための情報をキャッチするアンテナ。

だから当然、五感がシャープになれば情報量も増えて、結果、いろんな気づきが訪れるというわけ。

いろんな人を見てて思うのは、気づきがたくさんある人は運もいいってこと。

なぜだと思う？　それらは、すべてつながっているから。


気づきとかチャンスとか運とかシンクロとか……目に見えないものはすべて、つながってる。


だから、気づきが起こると、それ以外のものが次々に作動するの。

そう、ちょうどドミノみたいに。

五感は、感情をよい状態にするだけじゃない。

気づきのアンテナにもなっているのね。

宇宙法則38

五感を満たすと、気づきが起きる

いちばん効果的なのは「香り」

五感の中でも、とりわけ効果的なのは、嗅覚にアプローチすること。
それは、嗅覚が五感の中で唯一、大脳辺縁系に直結してるからなの。
大脳辺縁系というのは、いってみれば感情の製造工場みたいなところ。
つまり、嗅覚は感情をコントロールできるってことなのね。

よい感情を育てたかったら、大好きな香りを嗅ぐのがいちばん！

香りが有効であるもうひとつの理由は、好きな香りを嗅ぐと、もうひとつの幸せホルモン「オキシトシン」が分泌されるってこと。オキシトシンは通常、好きな人とハグしたり、身体をさすったり撫でたりすることで分泌されるんだけど、じつは、香りにも似たような作用があるのね。
嗅覚は私達が思う以上に、感情と密接に関わっているの。

とくにベッドルームはぜひ、大好きな香りで満たしてほしい。

あなたにとって「幸せをイメージさせる香り」ってあるでしょ？

その香りでベッドルームを満たすの。夜ベッドに入ってウトウトしてきたとき……それがちょうど潜在意識にスイッチが入り、香りが最高に威力を発揮する時間帯だからよ。


私がよくやるのは、ナイティに香水をつけること。


私達が寝ている間にも嗅覚は働いてくれているわけなので、ナイティに「幸せの香り」をしたためれば、寝ている間に感情が幸せモードに♪

知らず知らずのうちに、「よい感情」が作られていくわ。

これは、なんの努力もいらない、超カンタンな波動アップ法。

香りは女性にとって、楽しみのひとつ。

これでよい感情を作れるなら、こんなにラクなことはないと思わない？

宇宙法則39 ベッドルームの幸せな香りは「よい感情」を作る

よい感情は運もチャンスも引き寄せる

感情が変わると、運が変わる。感情が安定するということは波動を上げると同時に、運を安定させることでもあるのね。

何があってもよい感情を保てる人に、運もチャンスも寄ってくる。


感情が不安定だと、チャンスがきてもモノにできないの。

たとえば、シーソーをイメージしてみて。

シーソーの上には、何を乗せても安定しないでしょ？

運も同じなのね。感情にアップダウンがあると、運よくチャンスが寄ってきたとしても、スルッと滑り落ちてしまうの。もちろん、お金も。

これじゃあ、リッチとはいえないわ。カンタンに滑り落ちてしまう幸せなんて、あなたが目指すものじゃないでしょ？

リッチな人はいいものだけを引き寄せて、それをしっかり自分のモノにする。

つかんだチャンスを逃さないというのも、リッチな人の共通点ね。


そうなるには、やはり感情。感情を安定させることがキモなのね。


人生に波がある人は、感情のアップダウンも激しいのよ。やっぱりね。

感情が安定している人は、風が吹こうが嵐がこようが動じない。

「ギフト」という強靭な碇で世の中とつながり、人々が右往左往しているときですら、自分に必要なものをサクッと引き寄せる。

人間て結局、感情のイキモノなの。

思考は現実を作るけど、感情は行動を決める。

運というのは行動の結果だから、運をよくしたかったらつねに「いい感情」でいることが大事なのね。そして、それを「安定させる」こと。

感情をコントロールすることは、人生をコントロールすることでもあるのよ。

宇宙法則40 感情が安定すると、人生も安定する

影響力の強い「土地」の波動

波動を高めるためには「よい思考」と「よい感情」をキープすること。

じつはこの2つの他にもうひとつ、私達の波動に少なからぬ影響を及ぼすものがあるの。


それは、「土地の波動」。場所の波動といってもいいわね。


土地というのは、それこそ何千年、何億年という歳月をかけてその波動を作り上げているわけで、そのパワーたるや、計り知れないものがある。

人間なんか、どうやったって太刀打ちできないわけ。

思考と感情は自分自身でなんとかできるけど、土地の波動だけはどうしようもない。変えられないから、私達のほうで選ばないといけないのね。

住まいはもちろん、職場や出入りする場所も波動のいいところを選ばないと。

少なくとも、波動の悪い所には、行かないに越したことはないわ。
ちなみに、波動の悪い所の目安をあげておくと、

①歩いている人の表情が暗い、なんとなく陰気
②ケンカや怒鳴り声が聞こえてくる、酔っ払いが多い
③古くてみすぼらしい建物が多い、壊れかかった建物がある
④シャッターの降りた店、潰れた店が目につく
⑤枯れた木や萎れた草花が多い
⑥ゴミが散乱している
⑦歩いていると物悲しくなる、早く立ち去りたい気分になる
⑧そこにいると頭痛がしてくる、気が滅入る

こんなカンジの所は、極力避けたほうが無難。

逆に、「もっとパワーがほしい！」「勢いをつけたい！」と思ったときは、波動のいい場所（街）に行ってみて。波動のいい場所の目安としては、①〜⑧の反対を考えていただければいいわね。

「歩いている人達の表情が明るく、ときどき笑い声が聞こえてくる。立派な建物や繁盛している店が多く、草花も手入れが行き届いている。ゴミひとつ落ちていない。あたりを歩いていると晴れやかな気分になり、ずっとここに居たいと思う……」というように。

さらに一歩進めて、土地のパワーで願いを叶えるという方法もあるわ。


私の友人A君の例をご紹介するわね。

A君がIT系のベンチャー企業を立ち上げたのは、今から10年ほど前のこと。立ち上げてすぐ、彼は六本木に引っ越した。

「○○ヒルズ」と呼ばれる、IT企業が集まるオフィスビルの、すぐ近くに。

感度のいいA君は、その土地特有の波動を敏感にキャッチし、そして、その波動を浴び続ければ夢を達成できるであろうことを知っていたのね。

たった3人でスタートしたA君の会社は、今や上場企業。

当時夢に描いた成功と地位を、彼はしっかりモノにしたのね。

A君の例が物語るように、どこに住むかはすごーく大事。

人生を決めるとはいわないまでも、少なからぬ影響があることは確か。
ならば、そのパワーをうまく利用しちゃいましょうよ！

ポイントは、あなたの理想にふさわしい土地（街）を選ぶということ。

今現在のあなたではなく、将来の「理想の姿」に焦点を合わせるのね。「こうなりたいな」「こんな人とお付き合いしたいな」（異性にかぎらず）と思うような人が住んでいる、もしくはそういう人が多く行き交う街を選んで、その波動を浴び続けるの。そうすれば、やがてあなたの波動とその土地の波動が一致し、思い描いたものが手に入るというわけ。そう、A君のようにね。

よい思考とよい感情をもって、よい土地に住む。

この3つで、あなたの波動は間違いなくアップするわ。

宇宙法則41 人生を変えたかったら、場所を変えてみる

Chapter 5

「リッチ」な人になるための究極の方法

「人と交わる」だけで、あなたの運命は劇的に変わる

あなたの力を何十倍にもするもの

さあ、いよいよリッチになるための最終章。

本物のリッチになるか、それともリッチもどきで終わるか——それを決めるのが、ここからお話しすること。

これまで「ギフト」の大切さ、お金の性質、波動を高めることの重要性をお伝えしてきたわよね。これだけでも、十分リッチになれると思うの。

お金さえ入ればいいなら、「ギフト」と「お金の性質」を理解するだけで十分。実際、それだけでお金持ちになってる人はたくさんいるもの。

でも、運やチャンスといった見えない力も引き寄せたかったら、さらに「波動」を高めないといけない。本当に必要なものを手に入れるためにね。

そして……波動もエネルギーもすべてひっくるめたあなたの力を何倍、いえ何十倍にもしてくれるのが、これ。

「人間関係」

エネルギーを大きくするとか波動を高めるっていうのは、あくまでもあなた自身の問題。

このふたつはいってみれば、リッチになるための「種」なのね。

じゃあ、その種をどこでまくか？

その種を育ててくれる土壌はどこにあるのかしら？


まず、お金がどこからやってくるのかを考えてみて。

お金は空から降ってくるわけじゃない。道端に落ちてるわけでもない。

お金をもたらすのは「人」。

仕事をもたらすのも「人」。

チャンスをもたらすのも「人」。


そう。すべては人を通してやってくるの。

もうおわかりね？

あなたの種を育ててくれるのは「人間関係」。

人間関係以外にありえないの。


本気でリッチになりたいなら、人間関係をリッチにしなければ。


たとえあなたのエネルギーが海のように大きくなって、富士山と同じくらい波動が高くなったとしても、人間関係を粗末にしていたらリッチとはほど遠い。

お金だって入ってきようがないわ。

人間関係が貧しかったら、種があって土地がないのと同じだもの。

宇宙法則42 すべての豊かさは人からもたらされる

人を大事にする人がリッチになれる理由

仙人のような隠遁生活を望むのでない限り、私達の人生には、必ず人が関わってくる。

あなたの人間関係という舞台で、人生というストーリーが繰り広げられていくの。

つまり、主人公であるあなたが、そこにどんな人を招き入れ、どう接し、どういう関係を創り出していくかで、人生が決まってくるということなのね。

人間関係は、あなたの種を育てる土壌。

本物のリッチになれるかどうかは、その土壌をどれだけ耕せるかにかかっているのよ。

私の昔からの知人に、Kさんという男性がいるのね。

Kさんは極貧の家庭に生まれ、中学しか出ていない。

私が彼と知り合ったのは、20年前、彼が中古車販売を始めた頃。その後、みるみるうちに事業が大きくなって、Kさんは今や、外車やクルーザー販売まで手掛ける正真正銘のリッチマンになっちゃってる。

ここで再度、本書でいう「リッチ」の定義を確認してほしい。

私のいうリッチは「経済的に不自由なく、なおかつ、お金で買えないものを自然に引き寄せ、さらに、宇宙を味方につけている」人。たんなるお金持ちではないわ。

Kさんももちろん、そのひとり。

世間は、裸一貫で成功を収めたKさんを「叩き上げの人物」というけれど、私はそうでもないと思ってるのね。

だって、汗水垂らして仕事してるKさんなんて、見たことないもの。当の本人も「仕事に関して苦労した覚えはないな〜」っていってるしね。

じゃあ、普通の人と何が違うかといえば、Kさんはとにかく、人を大事にする！

誰かがぎっくり腰になったと聞けば、「日本一のぎっくり腰治療師」のところに連れていき、「息子が会社をクビになって……」と聞けば、見つかるまで仕事を探してあげる。

かと思えば、私の愛犬が死んだとき、お悔やみにきて涙を流してくれたほどの人情家。「すごく美味しいから」と、釣ってきた魚を自分でさばいてもってきてくれたりもする。

会社員時代の上司が倒れたとき、亡くなるまでの半年間、Kさんは毎日お見舞いに行ってたっけ……。残された家族をずっと支えていたのもKさんだった。

そんなふうに、ひとつひとつの「ご縁」という種を、大切に育てているKさん――そんなKさんの土壌に、豊かな作物が実るのは当然だと思わない？

豊かな土壌に実る、豊かな作物。

それこそが成功であり、一生困らない額のお金なのね。

宇宙法則43 リッチな人はご縁を大事にする

人間関係は生まれや才能を超える

Kさんの例からもわかるように、リッチになるのに生まれ育ちは関係ない。
結局、人間関係はすべての条件を超えるのね。
親とか家庭環境は選べないし、変えられない。
でも、変える必要もないのよ。

それよりも自分で作る人間関係のほうがずっとパワフルだし、それって100％自分次第だもの。

「幼い頃両親が離婚して」とか「貧しい家庭に育って」とか、不利な要素は色々あるかもしれない。でも、それはそれ。そんなことは関係なく、それ以外のところで豊かな人間関係を作っていけばいいじゃない？

万が一、「私にはギフトなんてない。才能もない。育ちも悪いし……」なんて思ってるとしたら、人間関係を才能にすればいいの。

「私のギフトは人間関係よ！」って。

困っている人がいたら、自分にできる最大限のことをする。

何かを頼まれたら「ＯＫ、まかせて！」と快く引き受ける

「面倒だから関わりたくない」ではなく、人と関わることを考えるの。

人間関係という土壌は、人と関わることでしか豊かにならない。

土を耕すには、土に触れなきゃ。でしょ？

（注：ネガティブな人と関わるのはＮＧだけど、自分の波動が高くなればネガティブな人が寄ってこなくなるので大丈夫）

人と関わることが増えるといろんな情報が入ってくるから、人にしてあげられることも多くなる。

「おかげで助かったわ！」「いつもありがとう！」「あなたと知り合えてよかった」……そんなふうにいわれることも多くなるの。

そうやって、「今の私があるのはあなたのおかげよ」という人が日に日に増えていけば、あなたはもう一生涯、お金にも仕事にも困らない。

だって、人生は人間関係がすべてだもの。
人間関係という土壌に、ひとりでに作物がなるんだもの。

私の友人の中に、「趣味は？」って聞くと「うーん、おせっかいかな（笑）」って答えるM氏という人がいるのね（おせっかいを焼くことが趣味、という意味）。
彼はあるメーカーの社長さんなんだけど、会社を立ち上げてから20年、いちども営業をしたことがないらしいの。いろんな所から引き合いがくるから、営業なんてしてるヒマないって。

なぜそうなるかっていうと、やはり人間関係が素晴らしいから。

仕事云々は抜きに頼まれたことを快く引き受け、何かを相談すると誠心誠意対応してくれる。

信頼という糸で紡いだ豊かな人間関係が、ありとあらゆるビジネスチャンスを引き寄せるわけ。

Kさんや M氏を見てると、「成功＝人間関係」だってことがよくわかるわ。

人生に成功してる人は、人間関係に成功した人。
リッチな人は、人間関係がリッチということなの。

宇宙法則44

「人と関わる」ことで運が開ける

まわりの人は「自分を写し出す鏡」

Kさんや M氏の話を聞いて、こんなふうに思った人がいるかもしれないわね。

「そんなふうにいちいち人に関わってたら、身がもたないじゃない?」って。

もちろん、すべての人と関わり合いになる必要はないわ。

というか、関わる人を選ぶのは当たり前のこと。

実際、Kさんも M氏も、すべての人と関わり合いになってるわけではけっしてない。彼らもちゃーんと選んでるわ、誰と付き合うかを。

「この人は素晴らしいな、一緒にいて楽しいな」って感じる人とのみ、積極的に関わる。

そういうスタンスでいいと思うの。

ただし。どんな人にも誠意だけは尽くすべき。

関わり合いになるかどうかは別としてね。

「関わりたい人なんて全然いないわ。私のまわりにはろくな人がいないから」

万が一、そんなふうに思ってる人がいるとしたら……。

その人はまず、まわりにいる人達が「自分を映し出す鏡」であるということを、知っておいてほしい。

鏡に映るのは、あなた自身。

他の誰かが映ってたなんてこと、ありえないわよね？

それと同じように、あなたを取り巻く人達はみな、あなた自身の波動が引き寄せた人。誰かがあなたのために引き寄せた人ではないのね。

宇宙には「同じ波動のものは引き合う」という法則があって、人も鳥も魚も動物も、波動できっちり棲み分けができてるの。トラとライオンが交わらないのは、何を隠そう、波動が違うから。そしてそれは、人間の集団（会社や組織）も同じことなの。


だから、「もっと素晴らしい人達と付き合いたい」「もっと楽しい環境で働きたい」と思うのなら、自分の波動を上げるしかない。

あなたの波動が高くなれば、それにふさわしいものは自動的にやってくるわ。一緒にいるだけで元気になれちゃう人とか、まばゆいばかりのオーラを放っている人とか。新しい仕事のオファーがきたり、大スポンサーが現れたりね。

そうやって波動がどんどん高くなると、イヤな人なんてまわりに一切いなくなる。出会いたくたって出会えなくなるわ。それは、高い波動がバリアになって、波動の低いものを寄せ付けなくなるからなの。

イヤな人、相性の悪い人がまわりにいるということは、あなたの愛の絶対量がまだ少ないということ。

愛が足りないと豊かな土壌が作れないから、リッチな実りを手にするのは残念ながら難しい。

でも、安心して。愛の絶対量を増やす方法はちゃーんとあるから。

180ページからの「マゼンダエネルギー」の項目でご説明するわね。

宇宙法則45 人を選ぶのではなく、自分の波動を上げる

人には愛と感謝と喜びだけを与える

人間関係とは「愛を与え、与えられる場」。

怒りや不満をぶちまける場では、けっしてないのね。


人に与えたものは、必ず結果となって返ってくるの。


機嫌が悪いからといってつっけんどんな態度をとったり、辛辣な言葉を投げつけたりしたら、豊かな実りを手にすることは到底不可能。

お金という実は望むべくもないわ。

だって、すべての「豊かさ」は愛を肥やしに育つんですもの。

人に愛を与えれば、喜びやお金といった豊かなものが手に入るし、逆に、怒りや不平不満をぶちまければ、トラブルや不快な出来事が返ってくる。

人間関係は土壌だもの、怒りという種をまいたら、怒りという作物がなるのは当然でしょ？

覚えておいてほしいのは、怒り、非難、中傷といった「負」の言葉は、愛のエネルギーを一瞬にして消し去ってしまうということ。

ふだん愛を与えていても、たった一度の辛辣な言葉で、よい関係が失われてしまうことって往々にしてあるの。残念ながら、ネガティブなものは力が強いから。

「悪貨は良貨を駆逐《くちく》する」という言葉通り、この世ではネガティブなもののほうが力は強いのね。その証拠に、悪い噂なんかすぐ広まるでしょ？

だから、人にネガティブな感情を与えてたりしたら、お金なんて一向に入ってこない。ネガティブな土壌にいい作物は実らないから。

だからこそ、人には、愛と感謝と喜びだけを与えるべき。

「愛と感謝と喜び以外のものは与えない！」

今この瞬間、そう決めることよ。

宇宙法則46 リッチな人は、愛のある言葉を使っている

すべてのものは「愛」で育つ

KさんやM氏がリッチなのは、人間関係を何より大切にしてるから。
人間関係という土壌を、愛をもって耕し続けているからなのね。
なぜ愛が必要なのか？　答えはカンタン。

「愛」は宇宙の基本エネルギーだから。

この世の生き物は、愛がないと生きられない。
愛は空気や水や光と同じように、生き物になくてはならないものなの。
想像してみてほしい。愛のない世界を。
人を羨み、罵倒し、奪い取り、そこかしこで争いや殺戮が行われている世界を。
考えただけでゾッとしない？
そんなところで、生きていたいとは思わないでしょ？

そう。愛は私達が生きていくのに、必要不可欠なエネルギーなの。

この「愛」という言葉、いろんな意味で使われるわよね。

恋愛のようなドキドキ系の愛もあれば、家族や子供に対する穏やかな愛もある。兄弟愛とか人類愛とかね。


でも、ここでいう愛は、「相手を敬い、慈しむ心」。

「相手の幸せを願う心」と考えてみて。


この世では、愛を与える人がいちばん尊い。

もし愛のない人ばかりが増えていったら、地球はもはや存在できなくなるもの。

宇宙としては、愛ある人をもっともっと増やしたいのね。

だからこそ、愛ある仕事をしている人には、宇宙がご褒美を与える。

それが、「お金」。理想はどうあれ、今の社会ではお金なくして生きられない。

だからこそ、それを宇宙が与えてくれるということなのね。

宇宙法則47 お金は、愛ある仕事をした人へのご褒美

生き物は、愛あるものに惹かれる

私達って、愛あるものに無条件に惹かれるでしょ？

優しい人とか、思いやりにあふれた人とか。

感動的なストーリーに思わず涙するのは、そこに愛があるから。

愛情をたっぷり注がれて育った子は明るく健やかに育つし、動物も植物もそう。ただ水をやっただけの花と、毎日声をかけて育てた花とでは咲き具合が違うっていう話、聞いたことあるでしょ？

この世のものはすべて、愛を肥やしにして育つの。

生き物だけじゃないわ。


信頼、人間関係、ビジネス、仕事。そして、お金。すべてそう。

何かを大きく育てたいなら、愛以上に効果的なものはありえないの。

「愛」は、この世におけるエネルギー増幅器みたいなものなのね。

「ギフト」を使い始めると、あなたのエネルギーはどんどん大きくなる。

そこに愛を注げば、そのエネルギーがさらに何倍にもなるわ。

それだけじゃない。「愛」は宇宙の基本エネルギーだから、あなたが愛を注げば注ぐほど、宇宙の波動に近づくことになる。

愛を与えることで波動まで上がっていくのよ。

「愛を与えるって、具体的にどういうこと？」

そう思った人は、「大好きな人にどうふるまうか」をイメージしてみて。

好きな人と目が合ったらニコッとするでしょ？

一緒にいるとき、いつも微笑んでるでしょ？

元気がなさそうなら「どうしたの？」と声をかけ、嬉しいことがあれば一緒に喜びを分かち合うでしょ？

愛する人の前で見せる行動は、「愛」そのもの。

そう考えると、ラクにイメージできるんじゃないかしら。

愛する人に接するように、すべての人に接する。

愛する人に微笑むように、すべての人に微笑む。

愛する人を思いやるように、すべての人を思いやる。

愛する人と分かち合うように、すべての人と分かち合う。


相性とか好き嫌いで、人をジャッジしないこと。

だって、いっときの感情や狭い心で自分の土壌を小さくしちゃうなんて、もったいないじゃない？

いっぱい作物がほしいなら、自分の土壌を大きくしなきゃ。

人間関係という土壌は、大きければ大きいほどいいのよ。

宇宙法則48
愛する人に接するように、すべての人に接する

お金は宇宙からの通知表

「仕事」は、愛を与える絶好の場。

「ギフト」って結局、人に愛を与えるためのツールなのね。

人を幸せにするために宇宙から与えられた、あなただけのツール。

それを使うことで人に幸せを与え、なおかつあなた自身も喜びで満たされるという、素晴らしき道具。この愛の交流こそが、じつはリッチへの近道なの。


仕事の基本は、人に喜びを与えること。人を幸せにすること。


「そんなの理想論でしょ？　生きるために働くっていうのが現実よ！」

ええ、ごもっとも。そう考える人がいても当然だと思う。

でもね。この基本に立ち返ることで、結果的にふんだんにお金が入ってくるの。

本当に。それは、私自身がこの10年間で経験したことでもあるわ。

仕事は「自分を表現するための手段」であり、「愛を与える手段」。

「あなたなら、どういう形で人を幸せにしますか？　それを具体的に示してください」

宇宙からのこの問いに対する答えなのですよ、仕事というのは。

私達は宇宙に、つねにここを問われているの。


宇宙のこの問いかけに対し、実際、行動で示した人――実際、人を幸せにした人にご褒美がくる。それが、「お金」。


お金というのは、あなたの愛に対する、宇宙からの通知表なのね。

入ってくるお金は、あくまでも結果。

あなたがちゃんと「ギフト」を使っているかどうか、愛を与えているかどうかを、宇宙がみて判断した結果なのね。

「ギフト」に「愛」をプラスした結果、お金がやってくるの。

だから、「いくらお金がもらえるか」を先にもってくるのは、おかしな話。

っていうか、もったいなくない？

「ギフト」を仕事にすれば月100万でも200万でも可能なのに、「月30万もらえる仕事がいいな」みたいに上限を決めちゃうなんて。

それって、金メダル獲れるのに、「いえ、入賞で十分です」っていうのと同じ。

自分で可能性を捨ててるのね。

リッチな人は、上限なんて決めないわ。どこまでもいけると思ってる。

だって、豊かさは無限だもの。

お金で仕事を選んでしまうと、仕事に自分を合わせることになるでしょ？

すると、せっかくの「ギフト」が活かされなくなる。

自分の「ギフト」が活かされないと魂が満たされないから、「これでもない、この仕事も違う」と転職を繰り返すことになるの。

もしもあなたが今、「生活のために働かないと」とか「なんか割りのいい仕事ないかな」などと考えてるとしたら、今すぐ意識を変えてほしい。

「仕事は私を表現するための手段、人に愛を与える私なりの方法」というふうに。

宇宙法則49 仕事は、自分らしい方法で愛を与えるための手段

仕事がうまくいかないなら人間関係を見直す

仕事は人に愛を与える場。人に幸せを提供するところ。

仕事で成功している人は、人間関係に成功した人なのね。

仕事がうまくいかないという人は、ほんとは仕事じゃない。

人間関係なの、うまくいってないのは。

お金がない、収入が少ないというのは、人に与える愛がまだまだ足りてないってことなのね。


「もっと収入を増やしたい」という人は、まず、人間関係を見直してみて。今ある人間関係を大事にするの。


これから作る人間関係ではなく、「今ある」人間関係をね。

今現在、自分のまわりにいる人達を受け入れているかどうか。

笑顔で挨拶し、声をかけ、きちんと目を見て会話を交わしているかどうか。
誠意をもって接しているかどうか。
自分の気持ちをきちんと伝えているかどうか。
相手の心を傷つけるような発言をしていないかどうか――。

そういう、人としてごく当たり前のことをしているかどうかを、今いちど振り返ってみてほしいの。

相手がどんな人であれ（イジワルだろうが相性が悪かろうが）、誠意をもって接することができるようになると、愛の絶対量がみるみる大きくなっていく。無条件の愛に限りなく近くなるのね。と同時に、波動も一足飛びにアップする！

そうやって自分の波動が上がっていくと、その波動にふさわしいところから声がかかるの。転職のお誘いだったり、お客様からの注文だったり。

以前、F美ちゃんという子に会ったとき、こんなことをいってたの。

「今の会社、もうヤなんですよ〜。仕事がつまんないのもあるんですけど、とにかく上司と合わなくて、このところずっと無視してるんですけどね。なんか違う仕事見つけたいんですけど、全然見つかんなくて……」

うーん……これじゃあ、いい仕事は当分見つからないだろうなあと思った私、お節介とは思いつつ、F美ちゃんにこうアドバイスしたの。

「F美ちゃんさ、とりあえず、上司との関係をよくしようよ。朝とかきちんと挨拶してる？　いくらイヤだって無視はダメよ。目を見てちゃんと話をする！　話を聞く！　当たり前のことを、とにかくやろうよ。いい仕事見つけたいなら、F美ちゃんがいい状態にならないと。イヤイヤ光線出してたら、いい仕事なんて寄ってこないわよ。ステキな人だって寄ってこないし。明日、その上司とランチに行って！　F美ちゃんから誘うのよ、わかった？」

「え〜〜、私からですか？誘うの」と抵抗しつつもF美ちゃん、「ステキな人が寄ってこないのは困るから」と、翌日さっそく、上司をランチに誘ったらしい。

「行ってきましたよ〜、例の上司とランチ。ずっとヤだヤだと思ってたけど……そんなにヘンな人じゃないかも。ちょっと仕事やりやすくなりました」

F美ちゃんから転職の報告があったのは、その2か月後。

「それがね、Ｋｅｉｋｏさん。例の上司……彼が推薦してくれたんですよ、この私を先方に。ＮＹ時代の同僚なんですって。『秘書がオメデタ退社するから後任探してる』って聞いて、そのとき、私の名前を出したそうなんです。その後すぐ面談に呼ばれて、向こうも気に入ってくれて、その場で決まったの。Ｋｅｉｋｏさん、ほんとにありがとう！　上司とずっとあのままだったら、今の私、ないですよね。人間関係の大切さ、しみじみわかりました」

「仕事がつまんないから早く辞めたい」みたいなネガティブな波動でいたら、いい仕事はまず見つからない。

いい仕事を引き寄せたかったら、あなた自身が、いい波動をもってないと。そうやってあなた自身のクオリティが変化すると、こちらが動かなくても向こうからやってくるわ。

バージョンアップしたあなたにふさわしいものが。

だってそれが宇宙の仕組みだもの。

仕事がうまくいかない人はまず、人間関係を見直してみて。

まわりの人に誠意をもって接しているかどうか。
愛を与えているかどうか。

努力やスキルアップは二の次で結構。まずは人間関係を大事にする。
愛を与えて変わらないものなど、この世に何ひとつないのよ。

宇宙法則50 人間関係がよくなると収入がアップする

どんな仕事でも、愛を与えることができる

「仕事は愛を与える手段なんて、そんなのキレイ事でしょ?」

そう思う人もいるかもしれない。

「看護士さんみたいな仕事なら愛を与えられるけど、経理とか総務とかはどうなのよ?」って。

勘違いしないでほしい。

愛を与えられるかどうかは、職種で決まるわけじゃないの。

仕事の種類ではなく、あなたらしさを出してるかどうか――「ギフト」を使ってるかどうかなのね。

経理であれ受付であれ販売であれ、そこにあなたの「ギフト」がちゃんと活かされているなら、それは立派に愛を与えていることになるの。

なぜかって?

それは、「ギフト」を仕事にしていると、あなたの「愛の絶対量」がどんどん増えていくから。

「愛の絶対量」が多い人は波動が高いから、職種にかかわらず、いるだけ人を幸せにできる。特別なことなんかしなくても、愛を与えることができるのね。

「リッチ」と呼ぶにふさわしいお金を作るには、それを作り出すだけの愛をもっていないといけない。それには、「愛の絶対量」を増やすこと。


あなたが放つ愛が大きくなればなるほど、入ってくるお金は自動的に大きくなるわ。


では、愛の絶対量を増やす方法とは?

まず、人と関わるのを恐れないこと。これがいちばん大事。

というのも、愛は人と交わることで育っていくからなの。

べつに親密な人間関係でなくてもかまわない。

たとえば、お店の人に笑顔で挨拶したり、目が合った人に微笑んだりするだけでも、愛はちゃーんと通い合う。愛の交換って、そういうこと。

これなら、1日何度もチャンスがあるでしょ?

たとえば、レストランに食事に行ったら、ただ黙々と食べるんじゃなくて、ウェイターさんと会話を楽しむ。料理について質問してみる。名前を聞いてみる。なんだっていいの。


縁あって顔を合わせているんだもの、積極的に愛を差し出しましょうよ。人との交わりを、自分から作るようにするの。


そんなちょっとしたことだけでも、それが日常的に繰り返されるようになれば、愛の絶対量はみるみる増えていく。

要は、愛を与えることに慣れることが大事なのね。

宇宙法則51 愛の絶対量の多い人は、いるだけで愛を放つ

「愛の絶対量」を増やすカンタンな方法

私のオススメは「人を褒めること」。

これ、「愛の絶対量」を増やすのにすごく効果的な方法よ。

先日のこと。ある会合で隣り合った女性の笑顔がまぶしくて、思わずこう声をかけたの。

「笑顔がステキですね♪　それに、歯がすごくキレイ！」

するとその女性、ちょっとためらいながら、

「えっ……そ、そうですか。ありがとうございます。そんなふうにいっていただけて嬉しいです。私じつは、笑ったとき歯茎が見えるのがイヤで……ずっと気にしてたんですけど……そうおっしゃってくださって、自信が出ました！　なんだか、すごく嬉しい！　ありがとうございます！」

私はただ感じたことを口にしただけなのに、彼女にとってはそれが自信を取り戻すきっかけになった。

そんなふうに喜んでもらえて、私のほうが嬉しくなっちゃったのね。

人を褒めるって、じつはとっても大事なこと。
褒めることは、愛を与えることと同じだから。

褒められてイヤな気分になる人はいないし、褒めるほうもハッピー♪
人を褒めると相手との距離が縮まるでしょ？　場が和んで打ち解けるというか。

褒めるって、いいことづくめなのよ。そこにはネガティブなエネルギーが一切ない。

そのパワーは、「マイナス」を「プラス」に変えることすらできるほど。
褒めることは「愛の絶対量」を増やすエクササイズになるばかりでなく、ちょっとした運気改善法としても使えちゃうわ。

近頃ちょっと調子が悪い、運気落ちてるな……というときはぜひ、いろんな人を褒めてみて。ネガティブな流れを即効ではらい落とせるから。

今の時代ってインターネットの影響からか、人との接触を避ける人が増えてるでしょ？

でも、そんなふうにしてたら十分なお金が入ってくるわけがない。

だって、お金も仕事も、人からもたらされるんだもの。

幸せはね、人を通してしかやってこないの。

道にころがってたなんてこと、ありえないのよ。

人は、人との交わりの中で成長し、チャンスを与えられ、幸せをつかんでいくの。仕事もお金も、すべてそう。

人を好きになること、コミュニケーションを楽しむことが「愛の絶対量」を増やすヒケツなのね。

宇宙法則52
人を褒めることは、運気アップにもつながる

ヒミツ兵器は「マゼンダエネルギー」

最後に、「愛の絶対量」を増やすヒミツ兵器をご紹介するわね。
それは「マゼンダエネルギー」。
色にエネルギーがあることは、みなさん、ご存知よね？
たとえば、青にはリラックス効果があるし、緑は「癒しの色」といわれてる。
赤には人を元気にする力があるわ。

こうしたあらゆる色の中で、フューシャピンクとも呼ばれる「マゼンダ」は、愛の波動にいちばん近い色。「マゼンダは愛の色」なのね。

だからこそ、愛を大きくするのにマゼンダが使える！
たとえば口紅をマゼンダにしてみるとか、マゼンダ色のブラウスを着るとか。
でも、いちばんいいのはイメージング！　マゼンダという色をイメージするの。

これに勝るものはないわ。なんたってカンタンだしね。

イメージングだから、道具はなーんにもいらない。

わざわざ何かを買う必要もない。

思いついたその瞬間、その場でマゼンダを使うことができるの。

マゼンダを使うと、びっくりするようなことがしょっちゅう起こる。痛みがスーッとひいたり、人間関係がよくなったり、トラブルが自然に収まったりね。

前著『願う前に、願いがかなう本』でもご紹介したけれど、私がこのすごい効果に気づいたのは、OL時代だった。

当時の私は、新しい上司とうまくいってなくて、いつも叱られてばかり。

やることなすことすべて裏目に出るし、いったいどうしたらいいんだろう……と悩んだ末にふと思いついたのが、マゼンダエネルギーを送ること。

それまでは、マゼンダ色の滝に打たれるイメージングで体調を整えたり、マゼンダ色のハラマキをつけるイメージでお腹の痛みをとったりしてたんだけど、今度は人間関係に使ってみようと思ったのね。

まず最初にやったのは、上司の個室をマゼンダ色で満たすこと。もちろん、イメージ上でのことよ。

ホースからマゼンダ色の水がシャーっと勢いよく出るイメージをしたり、部屋全体をマゼンダ色のペンキで塗りつくしてみたり。

上司が部屋にいるときは、彼の頭上にマゼンダ色の光が降り注ぐイメージングをよくしたっけ。

上司をマゼンダ色のリボンでぐるぐる巻きにしてみたり、出すお水をマゼンダ色のマドラーでかきまわしてみたり……。

なにせイメージ上のことだから、どんなふうにだってできちゃうわけ。

こんなふうにして、1日に何度もマゼンダエネルギーを送っていたら、1週間ほどで状況が好転！　怒鳴られることがなくなって、私自身も信じられないほど穏やかになったのね。

友人のA美ちゃんにこの話をしたところ、「もしかして、上の住人にも効くかも……」。聞けば、上の階に住んでる女性が、夜中にダンスの練習をするものだからうるさくて眠れない。顔見知りなので注意しにくいし、どうしたらいいか悩んでいる……とのこと。A美ちゃん、マゼンダエネルギーの話にピンときたらしく、その晩からさっそくトライ！

部屋の天井――つまり上の住人に向かって、マゼンダ色のエネルギーを毎日送り続けたらしいの。すると、4～5日してA美ちゃんから電話があり、「ねえ、上の彼女、近頃やけに静かなのよ。うんともすんともいわない。旅行にでもでかけたのかしら？」

驚くべきは、そのときから騒音がピタッと止んでしまったという事実。そしてその数か月後――たまたまA美ちゃんに会ったとき「例の件、その後どうなった？」と聞くと、

「そうそう、それがね～、彼女、赤ちゃんができて実家に帰っちゃったんですって。しばらく戻らないみたい」

もちろん、いつもこんなふうに上手くいくとは限らないけど、でも実際、こういうことが起こりうるの。

マゼンダエネルギーを送るだけで、なぜこういうことが起こるのか？

愛を送ることで、なぜトラブルが収まるのか？

——それは、「調和」が生まれるから。


私と上司の関係がよくなったのは、ふたりの間に調和が生まれたから。

A美ちゃんが騒音から解放されたのは、上の住人との間に調和が生まれたから。そう。愛というのは「他者と調和すること」をいうのね。

それは、自分の正しさを主張するとか、力や言葉でねじ伏せることとは対極にあるもの。相手を非難するのではなく、過ちを指摘するのでもなく、ただ愛のエネルギーで包み込む。対立ではなく、調和を選ぶの。


20年前、父が病に倒れたとき、私はある実験を試みた。

ガン細胞にマゼンダエネルギーを送ってみようと思ったの。

争い事やトラブルにマゼンダエネルギーが効果を発揮するなら、ガン細胞にだって効くはずだと。

そして毎日、父にマゼンダエネルギーを送り続けた。

結果、5年の延命。

命を救うことはできなかったにせよ、余命1年が5年以上延びたんですもの。

十分だった。

それを可能にしたのは、やはり愛だったと思うの。

父への愛はもちろん、ガン細胞にもマゼンダエネルギー（＝愛）を送ることで、父とガン細胞がいい意味で調和したのではないかしら。


豊かなところには、そこに必ず「調和」がある。


男女が調和すると命が生まれるように、水素と酸素が調和すると水が生まれるように、豊かなものは調和のあるところにやってくるの。

そして、それを可能にしてくれるのがマゼンダエネルギーなのね。

宇宙法則53
マゼンダエネルギーを使うと、「調和」が生まれる

ただ、送るだけでいい

以前、読者の方からこんなご質問をいただいたの。

「嫌いな人にこそマゼンダエネルギーを送るとよいとＫｅｉｋｏさんがおっしゃってましたが、どうしてもそれができません。送ろうとしても怒りや恨みが湧いてきて、とても愛を送る気になれないのです。そういう場合はどうしたらよいのでしょうか？」

こういう方、多いと思うのね。でもね、これってじつはカンタンなことなの。「愛を送ろう」と思うと、葛藤が生じてうまく送れないわけよね？　だったら、愛を送ろうと思わなければいいの。

ただ、マゼンダという「色」を送る。それで十分よ。

色のスゴイところは、それだけで十分なパワーをもつということ。

色というのは波長の一種であって、それ自体に特有のエネルギーがあるのね。マゼンダピンクという色は、それ自体が愛の波動をもっているから、無理して愛を込めなくてもＯＫ。

もちろん、愛を込めるに越したことはないわよ。
でも、無理なら無理でかまわない。
自分を責める必要もないしね。

カサブタが取れるのに時間がかかるように、心の傷が癒えるのにも、やはり時間がかかって当然だと思うの。

今の段階では、相手が幸せになるイメージなんかしなくていいし、そこに多少の怒りや憎しみが混じってもかまわない。

ただ、マゼンダという「色」を送る。色の力を借りればいいわ。

マゼンダがスゴイのは、それを送っているあなたにも、まったく同じエネルギーが降り注ぐということ。

マゼンダエネルギーを使えば使うほど、送れば送るほど、あなた自身もマゼンダシャワーを浴びることになるのね。

マゼンダエネルギーを使うようになると慢性的な痛みが消えたり体調がよくなってきたりするのは、まさにそのため。

体調だけじゃない。心の傷や怒りも徐々に癒えていくわ。

相手を受け入れ、感謝できるようになる日が自然にやってくる。

心配しなくても大丈夫よ。

嫌いな人に「愛のエネルギー」を送るって、すごく勇気がいることだと思うの。

ツライかもしれない。悔しいかもしれない。

愛を送れない理由は山ほどあるかもしれない。

でも、そこを超えられたら、豊かさは自動的にやってくる。対立を調和に変えたとたん、豊かさという名の大きな流れが、堰を切ってあふれ出す。

チャンスもお金もソウルメイトも、あなた目がけて飛び込んでくるわ。

それは、自分の正しさを超えた勇気に対する、宇宙からの祝福でもあるの。

本気でリッチになりたいなら、対立ではなく調和を選ぶ。

そうすれば必ず大輪の花が咲き、やがて大きな実をつけるから。

人間関係という土壌に「ギフト」という種をまき、愛という水を注げばお金という作物がなる——。

これこそが、リッチの本質。豊かさの真理。

リッチを目指すあなたに贈る、「究極の宇宙法則」よ。

宇宙法則54 嫌いな人にも愛を送ると、宇宙からの祝福がある

おわりに

リッチなパートナーを引き寄せる超確実な方法

「Ｋｅｉｋｏさん、リッチになる方法はわかったけど……ひとつ忘れてない？」

ええ、わかってる。あなたが知りたいのはコレでしょ？

「リッチなパートナーって、一体どこにいるの？」

みなさんの中に、リッチなパートナーを探してる人は多いと思うの。

女性はもちろん、男性だって「リッチな女性がいいな」っ思ってる人はたくさんいるわ。

でもね、リッチなパートナーを探し当てるって、ほとんど宝くじに当たるくらいの確率。「探す」っていうこと自体、不確実だしね。

たんに「お金持ち」ってだけならゴマンといるわよ。

でも、本当のリッチ——「お金も愛もたっぷりあって、息を吸うように運やチャンスを引き寄せ、この世を取り仕切る宇宙までも味方につけてる人」――って、そんなには多くない。

この膨大な人口の中から、そんなわずかばかりの人を探し出すなんて、どう考えたって至難の業だと思わない？

とはいえ。ひとつだけ確実な方法があるの。

それは、「あなた自身がリッチになること」。

正真正銘のリッチは数が少ないぶん、あなた自身がその仲間入りをしてしまえば、もはや探す必要などまったくない！

「同じ波動のものは引き合う」という宇宙の法則によって、リッチな人が向こうから寄ってくるから。

ね？　探すよりずーーっとラクでしょ？

リッチなパートナーを引き寄せたいなら、あなた自身がリッチになること。

あなた自身が、「パワフル＆リッチな磁石」になることよ。

お金、愛、最高の人生

リッチな人《ひと》だけが知《し》っている宇宙法則《うちゅうほうそく》

2014年4月24日　初版発行
2017年2月7日　7刷発行

著　者……Keiko
発行者……大和謙二
発行所……株式会社大和出版
東京都文京区音羽1-26-11　〒112-0013
電話　営業部03-5978-8121／編集部03-5978-8131
http://www.daiwashuppan.com
印刷所／製本所……日経印刷株式会社
装幀者……白畠かおり

ISBN978-4-8047-0479-1